重庆市新型职业农民培育规划教材

U0965125

重庆市新型职业农民典型风采录

重庆市农业广播电视学校　组编

中國農業大學出版社

·北京·

图书在版编目（CIP）数据

重庆市新型职业农民典型风采录 / 重庆市农业广播电视学校组编 .—北京：中国农业大学出版社，2018.8

ISBN 978-7-5655-2095-2

Ⅰ. ①重…　Ⅱ. ①重…　Ⅲ. ①农民—先进事迹—重庆—现代　Ⅳ. ① K828.1

中国版本图书馆 CIP 数据核字（2018）第 190127 号

书名　重庆市新型职业农民典型风采录

作者　重庆市农业广播电视学校　组编

策划编辑　张秀环　　**责任编辑**　石　华

封面设计　郑　川

出版发行　中国农业大学出版社

社　址　北京市海淀区圆明园西路 2 号　　**邮政编码**　100193

电　话　发行部 010-62818525，8625　　读者俱乐部 010-62732336

编辑部 010-62732617，2618　　出　版　部 010-62733440

网　址　http://www.cau.edu.cn/caup　　**E-mail**　cbsszs@cau.edu.cn

经　销　新华书店

印　刷　北京中科印刷有限公司

版　次　2018 年 8 月第 1 版　　2018 年 8 月第 1 次印刷

规　格　787 × 1 092　16 开本　8 印张　200 千字

定　价　32.00 元

《重庆市新型职业农民典型风采录》编审人员

主　编　刘光德　王绍熙

副主编　蔡　娟　王　加　陈正华　袁昌定　李海峰　兰建平
陈　波　沈鹏程　卿阳成　周巧勇　杨冬莉　丛云飞

参　编　陈　佳　彭　勇　杨朝晖　曾　义　王雪晴　李高坤
唐　开　李　玲　代正学　向　伟　王继平　张宗凡
阳先芬　白庆武　周宗渝　徐　梦　周建明　苏　兵
葛钊宇　谭　平　李虹宇　唐洪兵　万先俊　糜　力
周　碧　牟　洪　简中容　凌桂芳　李彩云　温志为
蒋丽芬　查　娜　李华林　黄平莲　陈明江　张良贵
彭　敏　陈　蓉　章　曼　冉小琴

主　审　吴　纯　刘保国　周　敏

审　稿　罗　松　孙　伟　徐　嘉　李淑平　胡湘苓

统　稿　蔡　娟

《重庆市新型职业农民典型风采录》参加撰稿单位

重庆市万州区农委
重庆市涪陵区农委
重庆市九龙坡区农林水利局
重庆市北碚区农林水利局
重庆市巴南区农委
重庆市江津区农委
重庆市永川区农委
重庆市綦江区农委
重庆市璧山区农委
重庆市潼南区农委
重庆市荣昌区农委
重庆市城口县农委
重庆市垫江县农委
重庆市忠县农委
重庆市云阳县农委
重庆市奉节县农委
重庆市巫山县农委
重庆市酉阳县土家族苗族自治县
重庆市万盛经开区农林局
重庆市黔江区农委
重庆市江北区农林水利局
重庆市南岸区农林水利局
重庆市渝北区农委
重庆市长寿区农委
重庆市合川区农委
重庆市南川区农委
重庆市大足区农委
重庆市铜梁区农委
重庆市梁平县农委
重庆市丰都县农委
重庆市武隆区农委
重庆市开州区农委
重庆市开州区畜牧局
重庆市巫溪县农委
重庆市石柱县土家族自治县农委
重庆市彭水县苗族土家族自治县
重庆市秀山县土家族苗族自治县

序

农业是国民经济的基础和民生之本，业兴则国安。新型职业农民是推进农业、农村现代化建设的生力军，是实施乡村振兴战略的重要人才支撑。自2012年中央一号文件首次明确提出“加快培育新型职业农民”以来，重庆市积极响应、大力实施，培育了一大批现代青年农场主和农业经营主体带头人，他们在农村一线发挥了传、帮、带作用，促进了重庆市以单一农户、种养和手工劳动为主的农业生产经营方式向主体多元、领域拓宽、广泛采用农业机械和现代科技转变，也促进了农村经济发展和农民增收。

当前，我国处于全面建成小康社会决胜阶段、中国特色社会主义进入新时代的关键时期，也是全面实施乡村振兴战略的初始阶段，实施乡村振兴战略，必须破解人才瓶颈制约。培育一大批爱农业、懂技术、善经营的新型职业农民队伍就显得尤为重要。为此，重庆市农委在全市近几年培育的新型职业农民中，精心撷取100例先进典型人物编印成册，用他们的典型事例、成功经验来激励人、教育人、引导人，树立职业农民既体面又光荣的社会认同感，引导传统农民自觉向新型职业农民转变。

本书以“粮油篇”“畜禽篇”“蔬菜篇”“水产篇”“特经篇”“其他篇”分类收录，按个人事迹形式编撰，图文并茂、各具特色，在创业兴业、创业带富中具有一定的典型性、示范性和代表性，让读者既能从中看到投身农业有广阔前景、大有可为，也能从中获得创业启发。希望每位读者能从本书的字里行间感受到真挚的乡情和农情，能从每人的创业风采中汲取创业的经验、激发到乡村创业的灵感和获得人生的感悟。希望本书的出版，能带动更多爱好农业、懂技术、善经营的乡村人才、城市青年加入到新型职业农民队伍中来，为重庆市实施乡村振兴战略提供更多的人才支撑。

重庆市农业委员会巡视员

吴纯

2018年8月

目录 CONTENTS

S

粮油篇

苦尽甘来　终成远近闻名的“土豆哥”

——巫山县新型职业农民　胡华

胡华，男，34岁，大专文化，重庆巫山县当阳乡红槽村人，重庆市第五届劳动模范。

一、退伍返乡，种“黑金刚”

当阳乡红槽村是巫山北边较为偏远的一个山村，虽然交通极为不便，但该村背靠五里坡国家级自然保护区，土质好，无污染。胡华考虑到家乡有长期种植和食用马铃薯的习惯，决定引进富含花青素的紫色马铃薯——黑金刚。

为了保证引种成功，他自己亲自下地对引进的黑金刚、红宝石等5个新品种，进行试验示范。功夫不负有心人，黑金刚和红宝石在巫山表现出了很强的适应性，不但产量高，品质好，口感佳，而且卖价高，使当地农户开始对这个外来的新品种产生了浓厚的兴趣。

天然水源种出的黑土豆即使不经过专业认证，也是绿色安全的优质农产品。更何况，黑土豆富含花青素，具有抗癌、美容、抗衰老促进血液循环等功效，是不可多得的健康食品。为了做大做强，胡华流转了土地300多亩（1亩=0.067公顷），同时吸纳当地43家农户成立了合作社，一起种植黑土豆。

二、脱贫致富，靠“黑金刚”

规模上来了，产量起来了，如何实现有好的收益，实现带领群众脱贫致富的伟大理想。通过与巫山、重庆以及其他省地的超市、土特产店铺、当地农家乐合作，又在本地开设特色农产品实体店铺，结合当地旅游开发以及多种媒体和网络的宣传，将产品直观快捷地呈现到消费者眼前，促进了产品销售。

2017年，合作社实现产值300多万元，网上销售额突破200万元，实现利润80多万元，合作社户均增收达4 500多元，成功带领合作社成员贫困户共计12户34人脱贫致富。先后指导建设规模化种养殖场8个，指导30多个微型企业创业，带动了本村村民及周边500多人就业。最终，使胡华同志成为了远近闻名的“土豆哥”（图1-1）。

图1-1　“土豆哥”胡华

黄土地上的创造之歌

——开州区新型职业农民　陈流江

陈流江，男，开州区赵家街道开竹村 6 组人，中共党员。

一、从一粒种到一碗饭，他做长了产业链条

早在 2008 年，陈流江就开始流转耕地规模种粮，并逐年扩大规模，2017 年达到 2 590 多亩。细心的陈流江发现，如果实行“产、加、销”一体化，效益会更好。于是，他便购置了大米加工设备，将自己生产的大米全部加工后销售，每亩增净收入 300 元以上。为提升大米品质，他又投入 200 万元资金，引进了日产 40 吨大米的生产线设备和真空包装设备，大米加工能力得到大幅度提升。产业年产值将达 168 万元，年纯收入将稳定在 50 万元以上。

二、从一把锄到一条线，他做低了生产成本

在粮油种植中，陈流江探索发现，为节本增效，必须走机械化道路。他积极参加各级组织的新型职业农民培训，掌握了相关技术，2008 年，他购买了小型微耕机，2009 年，他又在全区种植大户中率先购进多种大型农业机械，除自己亲自操作外，还培养农机手 20 多人。实现了水稻、油菜、马铃薯三大作物全程机械化的耕作。

三、从一袋药到一盏灯，他实现了绿色梦想

在从事稻米种植和加工销售过程中，陈流江敏锐地意识到食品安全的重要性。因此，从 2010 年开始，便着力打造绿色优质大米。严格按照《基地质量控制规范》和《A 级绿色食品水稻生产技术规程》进行水稻生产管理，由原来的化学防治改为生物防治和物理防治；在加工销售方面，严格遵守《绿色大米生产加工管理规程》，2016 年，陈流江所生产的“群米王”和“竹山香”2 个大米品牌均取得了绿色食品标志认证。

四、从一个人到一大片，他做出了行业榜样

多年来，在陈流江的带动下，当地农民规模种粮面积逐年扩大，2017 年他带动优质稻面积达 1 万多亩。致富不忘众乡亲，他积极通过土地流转、劳务用工、扶贫资金配股分红等多种方式带动其他农户，尤其是带动贫困户实现增收，为当地的脱贫攻坚做出了积极贡献，为新型职业农民行业做出了榜样，是当地远近闻名的全国种粮大户（图 1-2）。

图 1-2　农民典型人物——陈流江

守住“粮仓”阵地

——万州区新型职业农民　张地埔

张地埔，男，现年 45 岁，初中文化，万州区龙沙镇海螺村人。

一、从小工干起他在外漂泊 8 年开始创业

张地埔初中毕业以后，就外出湖北宜昌的一家砖厂打工，后又到重庆巴南一家装饰材料销售中心帮工一年。通过几年的打工有了一点积累，决定养猪创业。他先在巴南区的鱼洞办了一个养猪场，因为没有任何养殖技术，养的猪先后生病死去，这一次创业他亏损 3 万多元。之后又回老家养猪，正到规模扩大时，却遇到难以预料的全国性弥漫的猪瘟病疫，他也因此亏损了 5 万余元。

图 1-3　农民典型人物——张地埔

二、为了“粮仓”的丰收他选择种粮

养殖的失败，让他想到了另外一种农业思路——承包土地种植粮食。2008 年他试着流转了 50 亩土地种植水稻，虽然以前种过水稻，但毕竟是自家那几亩地，需要不了多少人工，但 50 亩的规模种植，还得依靠机械设备。当年他投入 2.2 万元买来了一台收割机，这一年就有了上万元的纯收入。尝到甜头的张地埔后来干脆大量添置设备，又买来收割机、旋耕机、运粮汽车等，同时先后参加万州区农广校举办的新型职业农民培训、重庆市农广校举办现代青年农场主培育，不断提高农业生产经营管理水平，通过几年的发展，到 2017 年种植规模达到 800 余亩，年生产优质水稻 400 吨。在种植水稻过程中，他发现，种水稻有几个月地是空闲的，于是就增加种植洋芋、疏菜等，现年产达 100 吨，实现产值 120 万元，除此之外，还购买了粉条加工设备，粉条加工 100 吨，产值 15 万元。

三、“粮仓”满囤带动村民共同致富

如今，张地埔正朝着他既定目标快速前行，“张地埔种粮家庭农场”已经建立，年创收入近百万元。据当地村民介绍，张地埔致富不忘众乡邻，他带动了周边 500 户农户种植优质稻水稻 3 000 多亩，亩增效益 100 元以上，周边农民也脱贫致富了（图 1-3、图 1-4）。

图 1-4　张地埔查看稻田情况

大学生返乡创业　耕耘“稻梦”新农旅

——潼南区新型职业农民　滕文强

“农业创业要秉承绿色、生态发展理念，生产原生态、高品质的绿色农产品，让消费者吃得安全、吃得放心、吃得健康，”这是大学生返乡创业先行者滕文强始终不移的坚持和持续不懈的追求。

一、因地制宜兴产业，创新稻蟹稻虾模式

滕文强，男，潼南区崇龛镇临江村人。2012 年 7 月毕业于海南大学通信工程专业，后进入重庆朴真农业公司做大客户销售。2016 年 9 月，他满怀创业梦想回到家乡，以 600 元 / 亩的价格，流转土地 110 多亩，他因地制宜，创新发展稻蟹、稻虾新模式，成为当地远近闻名的稻蟹稻虾种养大户。

二、举办玉米采摘节，嗨翻田间引爆销售

2017 年 7 月中旬，一则《潼南：玉米采摘节嗨翻了》的信息在华龙网、新浪网、凤凰资讯等网上热传，随后吸引成渝两地市民前来采摘体验，通过踢毽子、遛铁环、钓龙虾、吃玉米、摘玉米、吃农家饭等一系列趣味活动，让游客回味童年耍事，体验田间农趣，不仅嗨翻了游客，吸聚了人气，还带动玉米、大闸蟹、蟹田大米电商销售，让他稳稳收入 20 多万元。

三、农旅融合谋发展，倾情打造稻梦空间

农旅融合，创新发展初试成功的滕文强对于公司未来发展充满信心。他告诉我们，中央一号文件提出了“田园综合体”发展理念，我们要从乡村振兴战略发力，建设循环农业、创意农业、观光农业和农事体验于一体的稻梦空间田园综合体。

滕文强的“5 年计划”：在农旅融合上稳扎稳打，倾力扩大基地规模，适度种植莲藕、蔬菜、西瓜、草莓、水果等，届时可以举办一些节会，开展栽秧子、捉稻鱼、抓蟹虾、种蔬菜、摘水果、品草莓和野营、野炊等活动，把一年一度的观光活动融入崇龛菜花节，实现农业产业与乡村旅游的有机链接（图 1-5）。

图 1-5　丰收喜悦——滕文强在稻梦空间水稻种植基地劳动

畜禽篇

青年“猪倌”马刘洋　扎根农村建新功

——忠县新型职业农民　马刘洋

马刘洋，忠县双桂镇龙桥村一组人，重庆猪太郎农业股份合作社理事长，2012年重庆市劳动模范、2013年中国工会第十六次全国代表大会代表、2014年全国农村青年致富带头人、2015年全国十佳农民。

一、退学创业攻养殖

1999年，马刘洋考入四川外语学院成教分院，2000年3月，他因突发心脏疾病手术，康复后他无心学业，几经思考决定退学创业。刚开始从事养殖业，这对马刘洋来说毕竟是刚接触的新课题，在生产实践过程中存在着许多的技术难题，为解决这些难题，他与猪为邻，日夜观察，记录症状，经常跑县畜牧局、镇畜牧站咨询技术和请教附近养殖户，同时又和西南大学动物科学院保持着紧密联系，而且还翻阅了大量的相关书籍，一有问题马上向他们请教，终于弄懂了牲畜的生理机能、病理常识，熟悉了牲畜的习性。

二、特种养殖规模化

2007年，他开始规模化特种养殖，引进新品种和新技术进行试验示范，探索和攻克节粮草食生猪养殖技术难题。2010年，他领建重庆猪太郎农业股份合作社，截至2014年底，合作社共计培训2 000多人次，实现销售产值1 000多万元，社员户均增收3 800元，先后指导建设规模化养殖场12个，扶持200多个

图2-1　“猪太郎”理事长马刘洋在培训农村实用人才

小老板养殖创业，带动了800多名人员就业，实现了特色养殖规模经营效益提升和农民增产增收共赢。

三、深加工猪肉产品

2013年，他了解了深加工流程及相关技术，考察了15家食品公司，决定通过代工模式深加工猪肉产品。经过3个月的研发，合作社“猪太郎”系列产品成功面世，并先后进驻忠县及重庆各大超市和特产店，同时开展全国招商加盟，2015年“猪太郎”系列产品销售额达到600万元，社员户均再增收4 000元。此举完成了合作社从养殖到加工的转型，从而奠定了合作社进一步发展的基础（图2-1）。

专家点评

马刘洋，重庆猪太郎农业股份合作社理事长，2012年重庆市劳动模范、2013年中国工会第十六次全国代表大会代表、2014年全国农村青年致富带头人、2015年全国十佳农民。他用新型职业农民加智慧为自已串起“80”后创业成功者桂冠。

一、返乡创业，从做新型职业农民开始

习近平总书记给新型职业农民九个字的要求：“爱农业、懂技术、善经营”，马刘洋正是按照总书记的要求在努力。马刘洋从一个生猪养殖门外汉。通过“要想养猪创业成功，还得学习，还要实践，腑下身来，从做新型职业农民开始。”他的学习之路给我们几点启示：一是刻苦自学，二是与猪为邻，日夜观察，记录症状；三是带着问题向县畜牧局、镇畜牧站技术人员请教；四是到养猪大户观察、学习、练手；五是与南大学动物科学院保持紧密联系，终于马刘洋补齐了生猪养殖技术短板。

二、特色养殖，带领农民规模养殖致富

命运为你关上一道门，却又为你打开一扇窗。这时，成为生猪养殖内行的马刘洋考虑更多的是开始规模化特色养殖。此阶段值得借鉴的有以下几点：一是牵头成立重庆猪太郎农业股份合作社；二是率先建设规模化的特色养殖场；三是扶持有创业意向小老板，吸纳当地农民就业，实现了特色养殖规模经营提升和农民养殖增收共赢。

三、精深加工，“猪太郎”系列誉满巴渝

对一个成功者来说，创新发展的原动力来源于对事业的思考和捕捉商机的敏锐嗅觉。2013年，马刘洋决定延长产业链条，通过代工模式拓展深加工猪肉产品。其关注点：一是开发“猪太郎”系列产品；二是企业产品进驻忠县及重庆各大超市和特产店；三是实施品牌效益，开展全国“猪太郎”招商加盟；以上举措完成了马刘洋对其合作社从养殖到加工的链条延长和企业的转型升级。

四、循环经济，开拓创新可持续发展　为了保护生态环境，解决好养猪排污和保护环境的矛盾，马刘洋走循环经济、立体养殖的路子，变废为宝，综合利用，把猪粪用于承包地果蔬的肥料，实现了果蔬有机无公害。

陈正华
点评人

“鸡蛋哥”不一样的销售模式

——江津区新型职业农民　辜文峰

一、不畏创业失败，积极参加培训

2012 年，“鸡蛋哥”怀揣着心中的满腔热血回到家乡江津区油溪镇金刚社区护国寺，承包荒山办起了养殖场，但由于经验不足，他新进的鸡苗死了一大半，面对自己的心血付诸东流，他几乎心灰意冷，这时，一个社区的朋友告诉他，政府现在有好的政策，支持种养大户，于是他申请注册了重庆市江津区文英家庭农场，得到了政府的支持，畜牧站也有专业技术人员为养殖场做防疫工作。他还先后参加了江津区组织的微企培训，IYB 培训，新型职业农民培训，“鸡蛋哥”的养殖之路顺畅了起来。

图 2-2　“鸡蛋哥”辜文峰

二、发展农业电商，拓宽销售渠道

2015 年，经过 3 年的发展，农场基地面积扩展到近 200 亩，主要养殖精选优质土鸡品种，采用传统喂养，林间觅食，产出的鸡蛋安全健康，得到越来越多客户的认可。“鸡蛋哥”充分利用各方资源，创新销售模式，发展农村电商，通过淘宝、天猫、微信把产品销到全国各地，开设线下实体门店，开发会员配送模式，与社区超市、房地产企业等多个行业开展合作。还创建了自己的微信公众平台，完成了从单一微商到商城的转变，客户随时了解农场动态，实时下单。

2017 年，“鸡蛋哥”在江津注册了辜氏电子商务有限公司，实现了江津城区同城免费配送，同时拥有微店分销商上百个，实现微店月销售额 5 万多元，农场年利润 50 万元。

三、扩大产业规模，带动群众致富

随着销售量的扩大，“鸡蛋哥”在扩大基地规模的同时，也在发动当地贫困村民，带领他们养殖土鸡，为他们提供鸡苗，全程进行技术指导，并采用保底价收购。“鸡蛋哥”在自己进步的同时，不忘初心，带动周边群众共同发展，致富奔小康（图 2-2）。

爱护环境　科学养殖

——垫江县新型职业农民　刘巍伟

刘巍伟，男，毕业于西南大学动物营养专业，利用所学知识回乡创业，带领周边养殖户科学养殖，共同致富。

一、打造品牌，示范引导

2014 年注册资金 500 万元，成立重庆鑫伟旭生态农业发展有限公司，建立标准化蛋鸡养殖基地。目前，该公司是集生产、加工、销售于一体的县级农业龙头企业，是西南大学国家卓越农林人才培养基地，西南大学荣昌校区教学科研实习基地；公司已注册“鑫伟旭”商标，松针鸡蛋已通过农业部无公害农产品认证，正在申请专利。产品以“公司 + 企业订单”形式进行销售，以销定产，降低了市场风险，公司产品已经与永辉超市、新世纪超市、步步高超市，福记超市、县内部分中小学等签订购销合同，在超市内设立独立专柜销售，产品远销重庆市区、四川、广州等地，被重庆市消费者协会评为消费者最喜爱的产品。

二、成立协会，互助共赢

2016 年 8 月，以刘巍伟为发起人，成立了周嘉镇蛋鸡养殖协会，刘巍伟被选举为会长并成为协会法人代表。协会常年为会员配送饲料、统一培训、统一包装、统一销售，2017 年养殖协会年产值 1.12 亿元，取得了较好的经济效益和社会效益。同时，还聘请西南大学专家教授、县农广校老师，不定期举办农业技术培训会，较好地提升了协会会员的综合技能。

三、尊重自然，爱护环境

为处理庞大的畜禽排泄物，2017 年刘巍伟组织协会成员自筹资金，建立了有机物无害化处理中心，有效地解决了周边养殖户鸡、牛、鸭等畜禽粪便的排放问题，真正地变废为宝，做到了资源化利用。该处理中心年产有机肥 2 万多吨，不仅给协会养殖户带来了经济效益，还保护了环境（图 2-3）。

图 2-3　农民典型人物——刘巍伟

房地产老板改行当“猪倌”

——石柱县新型职业农民　秦文玉

秦文玉，男，石柱县鱼池镇水田村力子组人，是当地远近闻名的生猪养殖大户。

一、房地产行情不景气，改行当起猪老板

现任重庆力子农业发展有限公司生猪饲养农民专业合作社理事长、重庆力子农业科技有限公司总经理的秦文玉，曾经是一个建筑包工头，回乡创业，仅仅用了5年的时间，建基地、组协会、成立公司，利用互联网，让全村的生猪生产走出了石柱县，走进了沿海一带，走向了全国，打出了“力子”生猪品牌，实现了生猪养殖“公司 + 协会 + 基地 + 农户”的产业化发展。带着大伙靠养猪走上了小康路。

二、返乡创业，自强不息，借得东风扬帆起

刚回到家里，家里人十分不理解他的做法，遭到全家人的反对，因从事房地产多年赚得的辛苦费，愣是回到穷乡僻壤养猪当“猪倌”，但秦文玉认为回乡创业是件利村、利民、利己的好事，他把此事汇报给了鱼池镇党委、政府。政府为他协调了产业化专项资金，加上自己外出打工的积蓄，2012年5月，占地2万多米^{2}的标准化猪舍建起来了，从外地种猪场引进了第一批猪，就这样，他的猪场历经千辛万苦终于有了模样。从此，秦文玉成为了名副其实的“猪倌”，一天到晚地忙在猪舍里，喂料、消毒、打针、接仔，几乎和猪睡在一起，就这样经过几个月的细心饲养，猪场里的猪个个膘肥体壮，毛色鲜亮，人见人爱，村里人一下子服了秦文玉，都竖起了大拇指。

三、建电商平台，猪儿卖出好价钱

猪儿喂肥了，怎么销售？由于水田村地处偏僻，信息相对闭塞。满圈的生猪却卖不上好价钱，于是，他购置了电脑，通过网上发布自己的猪场信息，进行网上销售。

2013年秦文玉通过工商部门注册了属于自己的重庆力子农业发展有限公司，加之自己规模饲养的生猪，现在，他的养猪场总面积已经达到70亩，饲养良种母猪100多头，种猪场年繁殖量1万多头、年出栏育肥猪1万多头，实现年收入2 000多万元（图2-4）。

图 2-4　“猪倌”秦文玉

“女汉子”张正群 山里养鸡润乡邻

——永川区新型职业农民 张正群

张正群、女、大专、永川区青峰镇人。于 2012 年 7 月组建了重庆市永川区态聚家禽养殖股份合作社，专注发展绿色健康养殖。她创建的合作社被重庆市农委确定为青年农场主创业孵化基地。

一、依靠科技为抓手，养殖绿色滋补养生中药鸡

图 2-5 “女汉子”张正群

依据“鸡吃补药，人吃补鸡的生物链食补效应”理念，与西南农业大学合作，饲养“态聚牌”绿色滋补养生中药鸡。养殖基地约 500 亩，拥有 19 个专业养殖圈舍，配套的专业雏鸡保温室、卫生防疫消毒室、仓储室、蚯蚓养殖基地、中药和青草种植基地，并配备生活、办公场地和设施，是目前永川区规模最大的散养生态鸡基地。

二、以基地为中心，带动农民共同致富

“态聚牌”绿色滋补养生中药鸡市场畅销，中药鸡和中药鸡蛋产品供不应求。周边农民和养殖户纷纷向张正群讨教经验，张正群热诚地倾心相教，以农民田间学校、创业孵化基地开展养殖技术培训班、办宣传栏、发放技术资料、上门指导、接纳专业实习生等方式，为周边村民和养殖户服务。

在张正群的带动下，仅青峰镇就发展养殖户近 60 多户，平均每户实现增收 1 万多元。有效发挥了示范基地的示范带头作用，多次受到上级部门的表彰和奖励，重庆日报、中国青年网等媒体多次给予宣传报道。

三、专注健康食品、诚信稳步发展

张正群潜心专注于发展安全、健康、绿色滋补养生中药鸡的养殖，决心“做诚信企业，出放心食品”，把“安全、健康、绿色”摆在生产的首要位置。在各级部门和消费者的监督、支持下，坚决依法依规、健康稳步发展企业。进一步将目前永川区家禽养殖业唯一通过绿色食品认证的绿色滋补养生中药鸡和中药鸡蛋向市场全面推广，力争将“态聚”中药鸡打造成全国品牌。为规范家禽养殖业、标准化养殖的发展尽献绵薄之力（图 2-5）。

特种养殖　发家致富

——彭水县新型职业农民　钱学建

钱学建，男，新型职业农民，彭水自治县汉葭街道亭子村 1 组人，是当地远近闻名的豪猪养殖大户。

一、返乡创业发家致富

2011 年返回家乡发展农业生产，一开始，从无到有，从不会到会，利用家乡自然优势，当年投入资金 50 万元，发展豪猪养殖，经过几年来的发展，从当年饲养豪猪 50 头到至今豪猪存栏 1 600 头、共计投资 100 多万元修建的规范化养殖场，按照无公害、优质环保要求进行豪猪养殖，现年产值可达 150 万元左右。他申请注册了彭水县佳豪豪猪养殖场、成立了彭水县喜来乐豪猪养殖专业合作社。

二、致富不忘帮乡亲

为了帮助当地更多的农户迅速脱贫致富，利用喜来乐豪猪养殖专业合作社，无偿为合作社成员和当地其他养殖农户提供优质服务，提供技术支撑，每年为养殖农户培训实用技术达 1 000 多人次，免费提供技术资料 200 多份，实行产前、产中、产后全程跟踪服务。在他的带领下，彭水县汉葭街道亭子村畜牧业迅速发展，脱贫致富产业逐渐形成，近年来亭子村从无到位有，已获工商部门注册发展豪猪养殖农户 5 户、山羊养殖 3 户、生猪养殖 5 户；正向工商部门申请注册规模豪猪养殖大户 6 户、规模山羊养殖大户 3 户、规模生猪养殖大户 10 户。他的豪猪养殖场每年雇用当地农民长期务工人员 10 人，季节性用工 160 多人次。在他的带领下，亭子村乃至全县豪猪养殖产业迅速发展，至目前为止，全县已有豪猪养殖农户近 100 户，豪猪存栏近 5 000 头。豪猪养殖发展为彭水许多农户利用自然优势发展农业产业，实现脱贫致富找到了一条生财之道，通过他近 7 年的连续从事豪猪养殖经营活动，使许多农户实现了脱贫致富，走上了小康之路（图 2-6）。

图 2-6　“豪猪养殖大户”钱学建

一位现代“猪倌”的创业梦
——忠县新型职业农民　汪冠军

汪冠军，重庆忠县拔山镇苏家五组人，重庆美健达农业开发有限公司总经理，2015 年获“风鹏行动”支助、2017 年第十届全国农村青年致富带头人。

一、退伍不褪色　立志办企业

1999 年 12 月，他应征入伍，2001 年入党，在一次训练中因公致残，被评定为六等残疾，退伍后他毅然选择外出打拼，做到了广东创生公司、浙江爱仕达（上市公司）省区级经理的优厚职位上。然而在事业风声水起时，他却选择返乡创业，开始了重庆美健达农业开发公司的创业之路。2012 年他怀揣着自筹来的 2 000 多万元资金，返乡创办了一个占地面积 500 多亩，存栏 500 头母猪、年出栏 10 000 头商品猪的养殖公司和生态农业开发公司。

二、科技强企业　带领奔小康

猪场建起后，他把品牌化运作的第一目标放在了生猪品质上，坚持“养生态猪、干良心事，吃放心肉、做责任人”的服务理念，致力于将绿色、健康、环保、安全的食品送上人们的餐桌。在生产管理上，用工厂化生产的思维方式，以现代化、规模化、数字化、精细化管理理念，使整个公司运用上了先进的物联网生态养殖，可视化全程饲养环节，生产现场实时直播；运用了全智能信息化管理系统，尤其重视全方位数据的采集和分析，依靠科技精心饲养万头生猪。先后成功注册了“美健达”“忠州土猪”2 个品牌商标。

三、推生态发展　强持续动力

2015 年初，他率先在全县创新实现了用手机、电脑远程监管养殖场的生产管理工作，先后建成了《生猪信息化管理系统》《智能环境气体监测、视频等物联网系统》，实现了远程可视化快乐养猪。同时，大力发展“养殖—沼肥—种植”循环农业，打造“美健达生态循环农业示范园”，建设休闲农业观光园。他还就近流转 500 亩土地，成立养殖专业合作社，带动 200 多农户，发展生态循环农业共同致富（图 2-7）。

图 2-7　身残志坚——汪冠军在查看远程可视化快乐养猪基地

天然养殖绿壳鸡　致富不忘乡邻人

——綦江区新型职业农民　胡容

“女强人”胡容，靠着勤劳实干、艰苦奋斗的精神，在养鸡行业里撑起了一片属于自己的天地，先后被评为綦江区巾帼家庭农场、重庆市十佳返乡创业明星、产业带头人、女状元、致富能手等光荣称号，也是区两届优秀人民代表。

一、一波三折创业路

2001 年，她毅然筹资创办了一个养鸡场，大胆购买了 1 000 只鸡苗。由于技术和经营理念欠缺，饲养的第一批鸡，成活率低让她倒亏了 5 万多元。父母和亲友的反对更坚定了她投资养鸡业的决心。她通过向区、镇畜牧专家学习技术，与同行交流经验。2006 年，因全国疫情，鸡肉价格再次大幅下跌，她敏锐地察觉到低谷后的高潮，大胆扩建成了 1 000 多米^{2}标准化肉鸡养殖场，尝到了创业和市场带来的甜头，她更坚定了做强养鸡业的信念和决心。

二、品牌发展理念

创业初成。胡容开始打造自己的名片。一是依靠科学技术求发展。她改变传统落后的饲养方法，严格技术规程建立，落实健康养殖。2016 年，校企合作，被定为西南大学动物医学系的实验教学基地。二是严格执行防疫制度。根据鸡场实际，规范防疫，合理用药，定期消毒。三是积极认真打造品牌。2014 年底，成立了重庆大罗山旅游农产品开发有限公司，注册“翠林 cuilin”商标（2017 年 3 · 15 中荣获綦江区知名商标），2016 年申报了绿色食品。

三、致富不忘乡邻人

胡容不忘初心，她常说“一户不算富，大家富才真富”，她采用“公司 + 农户 + 基地”的发展模式，带动更多人投身养鸡致富增收。在她的带动下，打通镇常年存栏在 2 000 只以上的养鸡户发展到 30 多户。2015 年，她为产业扶贫、科技扶贫出谋划策。她以普通劳动人民的勤恳精神，向我们传递着发展致富的正能量，劳动模范当之无愧（图 2-8）！

图 2-8　坚守的回报——胡容在和农户交流养鸡心得

两代养猪人　共创新天地

——涪陵区新型职业农民　何兴建

在涪陵区增福乡永红村，有这样一个父女经营的生猪养殖场，父亲是专业从事养猪 13 年的老把式，女儿是毕业于畜牧专业的职业技术人员。这一新一旧思想和观念的碰撞，闯出了生猪养殖的一片新天地，成为增福乡养殖业的佼佼者。

一、返乡创业 带动全村发展养猪产业

今年 45 岁的何兴建，2003 年在重庆开始小规模养猪，2008 年决定返乡创业，当年投入 20 多万元修圈舍，养了 300 头猪。随后，在生猪养殖业道路上，何兴建克服了种种挫折和困难，逐渐尝到了甜头，而且还带动了周边村民也开始规模养猪。2011 年，他注册兴代生猪养殖公司，仅 2014 年，何兴建的养殖公司，出栏生猪近 5 000 头，收入 200 多万元。

二、培训学习 “土把式”成为养猪技术员

2013—2015 年，何兴建连续 3 年参加了区农广校组织的养殖技术培训。“我文化低，小学都没有毕业，以前的养猪技术都是自己摸索的土办法，现在不仅一般的猪病难不倒我，消毒、驱虫和打针，我都在行，周围谁家村民的猪有问题了，也请我帮忙去看。”何兴建说，通过培训，不仅学会了科学的养猪技术，还成了一名技术员。

三、父女同心　萌生电商发展理念

何兴建的女儿毕业于荣昌区职业教育中心畜牧专业，何兴建说：“我女儿比我有文化，而且还是学的畜牧专业，我的养猪事业需要女儿的支持。”父女共同做出了 2 大决策：一是邀请区畜牧局专家为他科学设计了圈舍，不仅省地、省力，而且省成本，而且兼顾到了环保，实现了种养结合。二是构建电商平台，推广他们的商品猪。何兴建说，他有信心将养猪事业发展得越来越好（图 2-9）。

图 2-9　父女养猪经——何兴建父女在他的生猪养殖基地工作

肉牛养殖　致富之路

——彭水县新型职业农民　田维容

田维容，女，44 岁，苗族，中共党员，彭水县润溪乡干溪村 9 组人。

图 2-10　“肉牛养殖大户”田维容

一、利用自然资源发展肉牛养殖

田维容从 2014 年开始，利用当地生态好，山地宽的自然条件，开始养殖肉牛，她冒着风险，投入资金 50 万元，流转 1 000 亩土地，修建圈舍 500 米 ^{2}，引进种牛 50 头，采用新技术养殖，新管理模式，收到较好的经济效益，每年纯收入 20 万元以上。为当地农村经济发展找到了一条生财之道。

二、做共同致富的带头人

她致富不忘帮穷，为了帮助当地更多的农户迅速脱贫致富，于 2016 年 9 月联合当地养牛农户成立了彭水县三姐肉牛养殖专业合作社，经过 1 年多来的发展，养殖规模逐渐扩大，现有存栏肉牛 110 头，年产值可达 100 万元左右。为了做强做大肉牛养殖产业，根据当地肉牛养殖较多的情况，同年又成立了彭水县润溪乡三姐肉牛养殖专业技术协会，在生产中，她无偿为当合作社成员和当地其他养殖农户提供优质服务，提供技术支撑，每年为养殖农户培训实用技术达 1 000 多人次，免费提供技术资料 200 多份，实行产前、产中、产后全程跟踪服务。田维容发家致富带头人的事迹在当地传为佳话，在推动当地农业农村经济发展、组织和带领农民增收致富方面带头作用显著，她为当地脱贫攻坚工作做出了较大贡献，在当地口碑好，群众和基层干部认可，受到当地干群一致称赞和好评。

三、不忘初心牢记使命

为了能够更好地办好企业，做强做大肉牛养殖产业，带动更多的农民发家致富，田维容不断加强学习，为自己充电，全面提高自身素质， 2016 年经过新型职业农民培育培训并获得彭水县新型职业农民（中级）资格认定，成为了一个名副其实的有素质、懂技术、会经营、善管理的新型职业农民。通过培育，开阔了眼界，观念得到更新，产业发展思路更清晰。决心利用自己的优势和技术，更多更好地带领广大农户利用自然优势条件发展肉牛养殖，带领大家共同致富奔小康（图 2-10）。

返乡创业养野鸡　带着乡亲奔富路

——开州区新型职业农民　胡开美

胡开美，女，32 岁，开州区温泉镇金霞村三组人。

一、返乡喂养七彩鸡

胡开美高中毕业后，与许多本地农民一样外出打工，将多年务工积蓄的 20 多万元，在自家的自留山上圈上林地 300 亩，建成面积近 200 米^{2}的育雏综合室 1 幢，并在山坡上、树林里搭起了 10 多个鸡棚，从外地购回 1 000 只七彩野鸡苗，开始了自己的创业之路。

二、规模发展收入多

刚创办鸡场的胡开美对养殖、防疫技术不懂，她就主动参加区里组织的新型职业农民培训，又购买了许多有关饲养野鸡方面的书籍，一边学习、一边实践。经过胡开美辛勤付出，她养殖的第一批野鸡出售了，而且获得了一笔可观的收入，创利 2 万多元。经过 5 年多的发展，胡开美的野鸡规模已经达到了 2 万多只，每年销售的野鸡、鸡蛋、雏鸡给她带来了 60 多万元的收入。

三、带动村民共致富

胡开美富了，但她不忘初心。2016 年 5 月，她联合本村 9 名返乡农民工成立了“金霞野鸡专业合作社”，带领村民一起养殖野鸡。胡开美说，她采取在回收成品鸡时才收取鸡苗钱的方式，让村民养殖野鸡“旱涝保收”，村民的养殖积极性非常高。截至目前，已有 24 户村民加入到“金霞野鸡专业合作社”，户均年出栏野鸡 1 000 只左右。

胡开美说：“现在，我除了要照看自己的养鸡场，还要对入社的村民进行技术指导，累是累点，但是看到乡亲们靠养野鸡过上了好生活，也就觉得值得！”，这就是一个新型职业农民发自内心的表白。2017 年她有幸被区妇联、人社局授予“巾帼创业先锋”的称号（图 2-11）。

图 2-11　野鸡养殖大户——胡开美

生态农业领头雁　致富路上女强人

——武隆区新型职业农民　王承玉

王承玉是武隆区有名的养猪大户。2014 年她创办的顺钰生猪专业合作社被评为市级示范单位，2016 年 5 月被市总工会评为市级“五一劳动奖章”，2017 年 3 月被市妇联评为市级“三八红旗手”，2017 年 6 月被确定为重庆市新型职业农民（现代青年农场主）创业孵化基地。

一、发展养殖，带动村民

王承玉 2008 年创办了武隆县顺钰生猪专业合作社，先后投资 600 多万元，建成了标准化养猪场，年存栏种猪 200 头，出栏商品猪 4 000 头，带动发展会员 1 800 户，为了做大盘强全乡生猪产业，她按每头种猪优惠 200 元价的格发展生猪养殖户，全乡生猪年出栏达到 30 000 多头。2004—2006 年，是王承玉创业低谷，养殖技术匮乏，肥猪价格下滑，家中父亲身患癌症，家属患颈椎疾病，面对困难，她从没有叫过苦，也没放弃饲养场生产，她晚上学习技术，白天去猪场观察和饲养，通过几年的艰苦创业，总算走出了一条成功的路子，成立了专业合作社，形成了产、供、销一条龙经营模式。

二、生态农业，敢为人先

2013 年，她在养殖场周边流转了 200 亩土地种植晚熟青脆李，发动周边群众利用冬闲田种植青菜头 520 亩，合作社统一提供种子，统一技术、统一管理，统一销售，免费为村民安装田间管网，实行从“田间到餐桌”的全程监测和控制技术体系，保证蔬菜质量安全。

三、致富路上，扶贫救困

王承玉有强烈的社会责任感，她每年以专业合作社的名义办培训班，受训人数达 3 000 多人，每年合作社分红，累计分红利达 30 余万元；在收购销售生猪中，她出钱修路投入资金累计达 10 多万元；她每年还给乡敬老院送去猪肉和糖果等慰问品，为困难群众免费送猪饲料；免费为周边 42 户农户提供沼气作燃料。她很自信地说：“我的梦想是——让更多的人能够吃到真正的绿色农产品。”（图 2-12）

图 2-12　人勤猪旺，致富女强人——王承玉

发展增福土鸡　创造美好家乡

——涪陵区新型职业农民　王礼康

培训是引导农民创业的基础，农民通过创业培训、现场观摩、技术指导、市场考查、企业引领，激发返乡农民工的创业热情，纷纷因地制宜规划自己的发展蓝图。新型职业农民学员王礼康就是这样的典型代表。

一、返乡创业

王礼康，家住重庆市涪陵区增福乡永宁村6组。他于1997年3月在福建、重庆等地打工。尽管他在外地务工，却经常关心家乡的发展和建设。2014年10月，回到老家增福乡永宁村6组，正值涪陵区委、区政府大力发展“增福土鸡”政策出台，他一方面为了响应政策，另一方面却是见当地的土地和山林大多无人耕种，荒芜的原因是由于当地劳动力资源缺乏（外出务工人员多），粮食价格低等。

他通过市场考察，发现大多数经济条件好的家庭消费水平和观念都发生了转变，都希望吃上放心的绿色食品和有机食品，很多家庭都喜欢吃土鸡，土鸡的价格又很好。为此，他认为饲养“增福土鸡”很有前景，决定回乡创业。

二、创业初成

2013年12月，他与当地农民签订了土地和林地流转合同，流转土地和林地250亩。他流转的土地和林地海拔高度都在700~850米，很适应土鸡的生长。目前，他已投资30多万元，建设养殖场地250亩，其中鸡舍1 500米^2，围栏2 000米，现饲养土鸡6 000多只。目前土鸡价格：10元/千克，预计年收入50万元，纯收入20万元。

三、蓄势待发

2015年，王礼康为了补好技术课，参加了重庆市农业广播电视学校涪陵分校和增福乡牧兽医站联合举办的新型职业农民培育增福土鸡班培训，通过学习，掌握了土鸡养殖技术，激发了他带动更多的反乡农民工创业的兴趣，共同来发展家乡经济，创造出富足美好的家乡（图2-13）。

图2-13　增福土鸡——王礼康在他的土鸡养殖基地培训农民

身残志坚致富路　走上康庄幸福道

——石柱县新型职业农民　马世富

马世富，男，石柱县中益乡华溪村金溪组人，是当地闻名的养蜂大户。

一、身残志坚，自力更生

马世富是位残疾人，但他身残志坚，自力更生，不等不靠，依靠勤劳，维持生活，长期从事种、养殖业。看着气候宜人的山区，漫山遍野的各种野花。2011 年，他抱着试一试的心态买了一个蜂桶，结果真的引来了一群蜜蜂，在家人和朋友的帮助下，利用当地得天独厚的林木资源，马世富开始了传统蜜蜂的养殖。起初，马世富养殖的蜜蜂数量只有几桶，加之养蜂技术不够娴熟，1 年收入不过几百、上千元。

图 2-14　马世富的养蜂基地

二、抓住机遇，规模养殖

近年来，国家出台了一系列大力发展种养殖的扶持政策，于是，马世富参加了县农广校组织的中蜂饲养管理培训，学到了养蜂知识，又因近年蜂蜜行情和销路一直看好，他的蜜蜂自然放养，品质纯正，色泽清亮，味道清香，很受消费者青睐。他逐年扩大规模，如今，他传统养殖的蜜蜂数量已发展到 70 多桶，蜂蜜产量达到 200 多千克，光是出售蜂蜜年收入就达 4 万多元。马世富是位残疾人，但他身残志坚，依靠勤劳养蜂，走出一条致富路。

三、心无私念，共同致富

马世富养蜂富裕了，他毫无私心，还经常奉劝村民们也养蜂。2017 年 11 月，他还带领本组 20 多户村民参加了石柱县农广校举办的新型职业农民中蜂养殖培训。有人问他是否形成竞争，他很开朗坦然，他说，养蜂的多了才会形成市场，才会引来更多顾客，再则，我是本组组长，要大家共同富裕才算富。如今，在他的带动下，金溪组已经养蜂和有养蜂意愿的达七八十户。马世富不但养蜂，还养殖、牛、羊、鸡等，还耕种田地和照顾七旬高龄的老母亲。马世富靠勤劳走上了“甜蜜”致富路，正带领村民脱贫奔小康（图 2-14）。

S

蔬菜篇

硕士毕业回家务农　子承父业振兴乡村

——合川区新型职业农民　邓睿

邓睿，男，汉族，36 岁，硕士研究生，重庆合川人。

一、继承父辈事业，弃城回乡

邓睿硕士研究生毕业后，曾在重庆一律师事务所工作。由于长期受家乡和父辈的熏陶，抱着对农业的热爱，毅然决定回乡务农。原来，邓睿的父亲是一位农民科学家，他利用重庆合川丰富的丝瓜资源，独立研发出杂交皱皮丝瓜优良品种，并推向市场，获得广大农户朋友的一致认可。

二、掌握育种技术，从头学起

回乡后，还不到 30 岁的他接收了父亲的事业，但对蔬菜种植技术却一窍不通。怎么办？参加培训学习、刻苦专研蔬菜育种和种植技术，第一年就打破瓶颈，快速掌握核心竞争力，创业伊始就小有收获。为了扩大规模，承包了 30 多亩地，用于蔬菜新品种的研发。邓睿还将父亲的“合川兴农良种场”改建为“重庆市合川区丝瓜蔬菜研究所”，并注册“川塔”商标。

三、立足国内市场，走向世界

为研发成功更优秀的蔬菜新品种，邓睿与中国农科院蔬菜研究所方志远院士团队、重庆

图 3-1　“子承父业”的邓睿

市农科院蔬菜研究所、西南大学园艺学院、湖南省农科所、福建省农科所等国家级农业科研院所紧密合作。成功研发出杂交丝瓜、杂交黄瓜、杂交南瓜等优良新品种。

他还利用卫星搭载莴笋、苦瓜的育种技术（卫星搭载公正号：京正字第 14748 号）成功研发出太空苦瓜、太空莴笋新型优良品种。太空苦瓜根系特别发达、单果重可达 1 千克以上，嫁接后单株可产 50 千克以上鲜苦瓜。

经过近 10 年的努力，邓睿的丝瓜研究所从起初的白手起家，发展到有专门的办公、管理、培训场所，有科研基地 30 多亩，育种基地 1 000 多亩。

研发成功并推广自有蔬菜优良品种丝瓜、黄瓜、茄子、苦瓜、四季豆等 10 多个，研究基地每年种植蔬菜新品种 500 多个，蔬菜种子年销售额达到 1 500 万元以上，每年服务农业 10 万亩以上（图 3-1）。

专家点评

大学生回乡创业是大势所趋，但名牌大学硕士毕业的邓睿回乡创业却是一件不容易的事情，他必须要克服以下几个问题，一是传统的世俗观念、二是艰苦劳累的环境、三是农业效益较为缓慢。但这几点都没有拦住邓睿，他坚守一份信念，拼一回人生，毅然放弃城市的“白领”回到家乡，干起了蔬菜育种。虽是硕士，但蔬菜技术还是一窍不通，请教专家、潜心自学、参加培训，天道酬勤，邓睿的坚守和执着，最终换回了丰厚的回报。

历经 10 多年的艰辛创业，他坚持“守法、守信、尽责、尽心”的原则，所经营的重庆市合川区丝瓜蔬菜研究所产品辐射重庆、四川、云南、贵州、湖南、湖北等 10 多个省（直辖市），在 500 多个县、市建立销售网络。他计划在今后的岁月里，将其蔬菜品种推广到中国的每一个省，在中国，80% 以上的县、市建立了自己的销售网络。并借助“一带一路”的春风，将其蔬菜品种冲出国内，走向世界。

这就是硕士毕业学生，继承父辈志向，从事农业、自强不息、奋进不止、永不满足的新一代青年农场主。他当之无愧地被推举成为“合川区蔬菜产销促进会”秘书长。连续多年被评为“重庆市合川区知名商标”“先进私营企业”“蔬菜工作者突出贡献奖”“诚信文明先进企业”等殊荣。

“吃水不忘挖井人”，邓睿忘不了创业中前进的每一步，没有忘记党的富民政策给他带来的发展机遇，没有忘记社会各界对他的厚爱，他将努力从各方面给乡邻和社会予以回报。

王 加

点评人

创业不忘初心　爱育“武陵真菌”

——黔江区新型职业农民　聂明亮

聂明亮是彭水县郁山镇陈家园村人。1998 年 12 月职业中学毕业后，在一家食用菌加工厂当过学徒，出师后却到了广东省标准科技有限公司做生产管理，在外打工并不是聂明亮想要的生活，他总想回家乡发展，尽自己能力为家乡做点事情。

一、响应号召，返乡创业

2011 年，聂明亮积极响应政府调整农业产业结构，促进农业增效、农民增收的号召，通过充分的调查认证，成立了重庆市黔江区聂亮食用菌种植专业合作社，带动当地 120 户贫困户种植食用菌，在黔江区科协的指导下，2012 年成立了重庆市黔江区桑枝食用菌协会、皇旺农业开发有限责任公司，另发展会员 50 户。

二、就地取材，不断创新

2011 年，他利用蚕桑枝条经试验培育成功种植的食用菌品种有羊肚菌、大球盖菇、猴头菇、榆黄菇、平菇、鸡腿菇、金针菇、金杯菇、香菇等 10 多种。蚕农利用每年冬剪的蚕桑枝条和冬季不养蚕闲置桑地来种植食用菌，每亩增收 3 300 元左右，每户蚕农种菌增收 3.3 万元，经济效益十分可观。2017 年食用菌产量达到 600 吨，产值 420 万元，带动农户户均增收 3 500 元。专业合作社拥有基地 9 个，现有成员 120 人，技术人员 10 人，标准化厂房 4 000 米 ^{2}，生产设备 10 多套。运输车辆 2 台，已初具区域规模。

三、武陵真菌，品牌先行

一份耕耘一份收获。回报社会和致富村民是聂明亮的初心，到目前为止，他带动全区 200 户贫困户种植食用菌脱贫，解决当地劳动力就业 500 多人。2014 年聂明亮被评为重庆市农村流通科技特派员，参加新型职业农民蔬菜专业培训； 2016 年被重庆市农委评为高级农民技师、遴选现代青年农场主；同年被推选为区第四届政协委员；成功注册了“武陵真菌”商标。正着力打造黔江区“武陵真菌”带有区域特色的农产品品牌（图 3-2）。

图 3-2　“武陵真菌“　聂明亮

利用生态资源　发展高山蔬菜

——巫溪县新型职业农民　余永清

余永清，男，巫溪县红池坝镇人，是当地远近闻名的种菜大户。

一、充分利用生态资源

巫溪县红池坝平均海拔 2 000 多米，土地肥沃，交通方便，气候冷凉，无污染，是种植蔬菜的好地方。2000 年，20 多岁的他流转了 20 亩土地，在红池坝开始种植蔬菜，当年亩产达 6 000 千克，亩产值达 5 000 元，总收入近 10 万元。

种植蔬菜的生产环节并不复杂，只要掌握了种植技术，这是一个挣钱的好门路。他初尝到了甜头，一个季节下来，20 亩菜共为他挣来了 6 万多元的纯利润。

二、逐年扩大种植规模

“我这里场地宽、空气好，非常适合发展蔬菜。”他说，此后他便逐年扩大规模。到 2010 年底，已经扩大到了 200 亩，种植品种也从单一的甘蓝种植扩展到白菜、萝卜、水果玉米、番茄、马铃薯、一起发展，每年给他带来近百万元的收入。2011 年他又和重庆市蔬菜批发市场合作，进一步扩大种植规模，分别达到了甘蓝 800 亩、白菜 300 亩、萝卜 300 亩、水果玉米 100 亩、其他蔬菜 100 亩，年产蔬菜 6 000 吨，年产值 800 万元，给他的事业发展注入了新的活力。

他认为，在发展蔬菜时，不仅要提高产量，更重要的是注重质量，他始终把质量放在第一，大力发展养殖业，生产无公害蔬菜。如今，他生产的高山蔬菜畅销市内外，产品供不应求（图 3-3）。

图 3-3　“种菜大户”余永清

返乡创业种菌　带动农民致富

——永川区新型职业农民　陈邦琼

陈邦琼、女、中专、永川区陈食街道卢家岩村人。

一、返乡创业，开启致富路

2014 年，为响应永川区大力发展食用菌的号召，陈邦琼夫妇从中国食用菌之乡福建回到家乡，利用自己掌握的食用菌种植技术发展食用菌种植，在永川区陈食街道卢家岩村承包土地 50 亩，种植鸡腿菇、茶树菇、猴头菇等品种，开始了充满酸甜苦辣的创业历程。

图 3-4　“种菌大户”陈邦琼

二、负重前行，雨后见彩虹

在创业初期，由于自身经济能力差，发展壮大面临困难，区农委安排人员多次到该种植场进行指导、帮扶，协助制定产、供、销计划，共同商讨生产技术措施，协助实施产业发展项目。3 年来，在区农委支持下，陈邦琼投资 280 多万元，建设出菇房 6 000 米 ^{2}、冷藏库 200 米 ^{2}、堆料场 400 米 ^{2}，完善了装袋、灭菌、接种等生产设施及烘干设施设备。初步建成年种植食用菌 100 万袋规模的生产基地，年产食用菌 400 多吨，年产值达到 300 多万元，实现利润 50 多万元。产品投放市场后供不应求，远销全国各地。

三、返哺乡里，共圆振兴梦

她创建的宇仪食用菌种植场在自我发展的同时，利用自身的技术和市场优势，积极带动周边农户开展食用菌种植。目前，带动 9 户农户种植食用菌，年种植规模 40 多万袋，农户增收 70 多万元；种植场常年安置农民工 40 多人就业，农民务工增收 70 万多元。

2018 年，陈邦琼还将继续扩大种植规模，新倒包土地 70 亩，建食用菌种植新基地，力争用 2 年时间，实现种植规模 400 万袋，年产值 1 000 万元，安置农民就业 100 人，更好地带动周边农户发展，为乡村振兴做出自己的贡献（图 3-4）。

回乡规模发展蔬菜　带动家乡农民增收

——潼南区新型职业农民　代宏春

代宏春，男，潼南区新胜镇三星村人，是当地远近闻名的蔬菜大户。

一、为改变家乡面貌，打工仔回乡创业

代宏春随着外出打工的洪流，先后到广东、昆明打工。但每次回家，他都看到大量土地荒芜，农村老弱病残留守，乡亲们经济十分困难。为了改变家乡贫穷、落后的面貌，2011 年，一直在外打工的代宏春毅然回乡，在家乡流转土地 600 多亩，开始从事规模化种植蔬菜。2013 年，他组织发动社员，建立了潼南区兴三星股份合作社，吸纳当地社员 268 人。

二、勤劳刻苦好学，事业蓬勃发展

代宏春是蔬菜种植一窍不通的门外汉，得从头学起，由于他有吃苦耐劳、务实肯干的品质，坚持事事亲历亲为，经过几年的艰苦努力，生产经营已全面走入正轨，运行发展态势良好。在基地建设上，他将原来的荒田荒土变成了标准化的蔬菜基地，整平了土地，去除了田埂，修建了道路，开挖了水沟，培肥了土壤，形成了基地蔬菜的常年稳产和高产。蔬菜种植技术上，经过几年的摸爬滚打，代宏春对白菜、冬瓜的稳产高产已有十足把握。他种植的白菜个头大、卷叶紧实，平均亩产 3 吨；种植的黑皮冬瓜，单瓜重 10~15 千克，最大超过 20 千克，平均亩产 4 吨。

2016 年，合作社蔬菜总产量达 3 360 多吨，产值达 900 多万元，蔬菜销往重庆、成都、内江、贵阳等大中城市，有力地带动了村民增收。代宏春组建的兴三星股份合作社，带领周边群众发展蔬菜产业，解决了家乡土地撂荒问题，实现了社员群众增收致富，成为潼南区农村青年回乡创业、助农增收的典范。

三、帮助贫困农民就业 促进乡邻摆脱贫困

他首先自己悉心钻研种菜技术，在成为种菜能手后，又将种菜技术无私传授给周边的贫困农户。整体脱贫攻坚中，他积极配合实施产业扶贫，主动帮助周边贫困户、特困户发展蔬菜种植，实现贫困户年人均增收 1 500 元以上，为潼南区整体脱贫做出了贡献（图 3-5）。

图 3-5　农民典型人物 ——代宏春

返乡创业当老板　科技扶贫共致富

——城口县新型职业农民　敖长龙

敖长龙，重庆城口县嵘彬农业开发有限公司的法定代表人，全国科普惠农兴村带头人。说起他的创业历程，真是一波三折，感人至深。

一、万事开头难

技术是创业、生存和发展的基础。敖长龙经过多方考察，他觉得食用菌种植是一项适合本地可持续发展的产业。说干就干，他当年投资近 40 万元，办起了城口县第 1 家食用菌种植场。创业之初，由于技术不够成熟，试种的 10 万袋菌种，大部分发了霉，失误让敖长龙陷入资金断链困境。

为让菌场起死回生，敖长龙再次踏上“求学取经”之路。意识到技术立业的敖长龙，在当地党委政府及相关部门的帮助下，一次性种植了 20 万袋香菇，成活率达到 96.6%。第 3 年、第 4 年，敖长龙食用菌种植场规模不断扩大，产量逐年增加。

二、思路决定出路

坚持为敖长龙回馈了第 1 桶金。他及时将企业单一的香菇生鲜销售变为“干鲜同售”模式，并将干货进行包装加工，充分利用当地的地理条件种植高端优质小黑木耳等其他产品，改变单一的产品经营现状，扩大产品种类，销路随之打开，2014 年公司年产值达 90 多万元。

三、科技扶贫共富

创业成功的敖长龙并没有忘记他当初回乡创业的初衷，特别是家乡的贫困户。为此，他采用“公司 + 生产 + 销售 + 农户”模式，走出了一条科技扶贫之路。近年来，敖长龙为贫困户免费发放 12 万多元的食用菌原种，已有 1 000 多户农户，其中建卡贫困户 400 余户参与到食用菌种植中来。贫困户实现户均增收 1.2 万元。

目前，城口县沿河、治平等乡镇有 8 个村发展起了食用菌种植，成为乡村产业一道靓丽的风景。敖长龙坚信，在决战决胜脱贫攻坚这场战役中，他能带领更多农户特别是贫困户撸起袖子加油干，共同在致富的道路上闯出一片更大的天地（图 3-6）。

图 3-6　创业诱惑——敖长龙在食用菌种植基地现场培训农民

亲人误诊　成就"新陆"有机世界

——铜梁县新型职业农民　李曼

"做农业会付出很多，李曼依然坚持着初心，坚持着农人的本性，她坚持有机蔬菜态度，给您一丝安心与满意。"这就是有机农业的领路人李曼心语。

图 3-7　新陆有机——李曼在她的有机世界里接待观光客人

在李曼的带领下公司被评为重庆市农业产业化市级龙头企业、重庆市农业综合开发重点龙头企业、农业龙头企业示范标兵、重庆市农村电商带头人、国家级乡村旅游示范基地。李曼个人获得 2015 年铜梁区农村青年科技致富先进个人、重庆市农村电商带头人、重庆市巾帼科技特派员。

一、回归农业，只为了收获一份身心健康

李曼，重庆市沙坪坝人，2012 年，母亲被误诊为肺癌，从前胸到后背开肺，承受病痛折磨，李曼极为难受，在这个充斥着空气污染、水污染的世界里，她想寻一片干净之地，能为父母子女提供一份没有化学农药、化肥激素的有机蔬菜，能让身边的人都健健康康。于是 2012 年 6 月她创立了重庆新陆农业开发有限公司，开始了有机农业的探索和耕耘。

二、有机耕作，不亚于展开一场农业革命

李曼在一个万亩荷田围绕的小山村建起了基地，这里空气和水质达到有机标准，但土壤却检测出重金属残留，想要获得有机的土壤，她在大棚里建起隔离层，选用菌渣、碳渣以及从斯里兰卡引进的椰糠培育配方土壤，大棚顶挂植物生长灯，地上建自动灌溉系统，四周设置"灌溉水消毒柜"，就连植物的授粉，都从国外引进"熊蜂"，从种植到采摘，每一步都小心翼翼，她全身心投入这场有机农业革命，像保护生命一样珍爱着这片有机的世界，功夫不负有心人，李曼用她的执着和坚持种出了有机蔬菜、有机草莓、有机番茄……。

三、秉承真心，陆之品只做一个简单农人

李曼秉承“做事先做人”的原则，公司以“立生态环保，扬绿色健康”为使命，聘请国内、国际技术团队、创建企业“陆之品”卓越品牌，自主创新通过了一项专利发明和三项实用新型专利。草莓和番茄连续5年通过有机认证，“陆之品”草莓荣获全国草莓比赛“银奖”（图3-7、图3-8）。

图3-8　李曼介绍有机产品

专家点评

李曼，一个平凡得不能再平凡的女人。如果不是因为母亲被误诊为肺癌；如果不是因为污染的空气、水和环境；如果不是因为她逐梦一片没有农药、化肥、激素的圣洁之地……，李曼可能真是一个平凡的李曼。然而，她却执着地选择了不亚于展开一场农业革命的有机耕作模式，从她“做事先做人”的原则里给我们几点启示 。

一、回归农业，因为有爱

爱是最好的老师。由于李曼对亲人大爱的驱使，对健康的渴望，毅然走上了那条陌生而充满诱惑的有机农业的探索和耕耘之路。

二、精心选址，营造有机

李曼把基地选在铜梁土桥镇庆林村，一是符合建有机农业基地的基础条件；二是基地在重庆主城区1小时经济圈内，具有发展潜力；三是客土造地，为了解决土壤重金属残留问题，在大棚里建起隔离层，选用菌渣、碳渣以及从斯里兰卡引进的椰糠培育配方土壤，终于获得理想的有机土壤。

三、有机耕作，秉承真心

为了实现有机耕作，李曼在地上建大棚、棚内建自动灌溉系统，四周设置“灌溉水消毒柜”，植物授粉也从国外引进“熊蜂”……

四、自建团队，自主创新

李曼为了延长有机产品生产加工链条，聘请了国内、国际技术、保健团队，开发有机自主产品品牌“陆之品”。

五、突出特色，农旅融合

李曼全身心打造的有机世界，本身就是高端有机、精品农业，极具旅游、观光、科普等价值。

相信李曼正在实践和未来创建“农田综合体”的初心坚守，她会给您一丝安心与满意。

陈正华
点评人

惠民"菜篮子"　他乡追梦人

——綦江区新型职业农民　杨正华

杨正华，17 岁开始走南闯北做起蔬菜贩卖生意，他意识到单纯的蔬菜销售不能实现大产业、大品牌、大效益产业格局，更不能实现自己"蔬菜王国"的梦想。

一、追逐梦想，落户綦江

认准了，就一条道走下去。2008 年，机缘巧合之下，心怀鸿鹄之志的杨正华以一名蔬菜业主的身份落户綦江，实现自己的农业创业梦。他在隆盛镇石梁、中桥等村投资 100 万元，集中流转土地 240 亩，重点发展辣椒、丝瓜等绿色蔬菜。"身处创业的热土，看着自己一手创办的蔬菜基地，动力倍增，我看到了梦想的光芒"。

二、实干创业，事业蓬勃

基地创建初期，他天天吃在基地、住在基地、干在基地，经过不懈努力，已建立标准化蔬菜基地 500 亩，其中蔬菜大棚 200 亩，全年生产优质蔬菜 2 000 多吨，产值达 540 多万元，纯利润 80 万元，成为重庆主城名副其实的"菜篮子"直供基地。2002 年发展订单农业，在綦江石壕、石角等 5 个镇发展糯玉米订单农业，每年收购糯玉米 2 000 多吨，帮助群众人均增收 100 元。2008 年，杨正华获得綦江"营销大王"称号；2011—2012 年，他分别获得綦江种菜能手称号；2012 年，重庆市正浩农业开发有限责任公司获得区级龙头企业称号。

三、培育带动，惠民致富

心怀浩然正气，心系农民群众，2011 年，杨正华带头组建隆盛镇中桥村蔬菜专业合作社、蔬菜专业技术协会，主动为种植大户提供技术指导、蔬菜种子，解决销售渠道，帮助 11 名大户发展蔬菜产业。2015 年，被重庆市农广校授予"创业孵化基地"以来，已孵化蔬菜种植大户 21 名，新发展蔬菜基地 1 000 亩，带动农户 200 户，为全区 10 万亩蔬菜生产基地提供种植技术和营销保障。并通过多种渠道，将綦江、贵州桐梓、巴南区、武隆区等部分街镇的蔬菜种植统揽，抱团发展，带动群众 2 000 多户、种植面积达 1 万多亩（图 3-9）。

图 3-9　时蔬惠民——杨正华在蔬菜种植基地传播他的蔬菜经

带领村民致富是我的初心

——丰都县新型职业农民　蒋于平

蒋于平的梦想是："把自己的产业做大做强，带领村民一起发家致富。"这就是一个新型职业农民的理想和信念。

一、创业在定位

蒋于平，48 岁。1990 年开始他把自己的创业定位在种植、收购榨菜，开展藠头种植和加工上。开始的时候，由于市场行情不好，销售渠道不畅，加之经营理论缺乏，销出去的榨菜和藠头，钱没有收回来，被骗得血本无归，生活走到了山穷水尽的地步。但他并没有向困难低头。

二、兴业在坚持

1991 年，不服输的蒋于平又向银行贷款 10 万元，继续开展种植，收购，初加工销售半成品榨菜，经过不懈努力，到 1996 年才还清了所有的债务。1997—2010 年，他的榨菜种植、收购、初加工和半成品销售已经初具规模，也积累了一定的资金和经验。2011—2017 年由于榨菜行情看好，发展情景广阔，他开始了大规模种植，收购，初加工和半成品榨菜的销售。2015 年他的榨菜种植面积达到 260 亩，收购榨菜 1 200 吨，初加工榨菜 1 500 吨，全年总产值 165 万元，纯利润近 39 万元。为了解决榨菜的收购，加工，运输和销售问题，蒋于平去年自筹资金修了 1 千米的公路，既方便了基地扩大和发展，又方便了群众生产和生活。2016 年他的榨菜种植面积 500 亩，收购初加工 1 700 吨。截至目前，蒋于平拥有 4 个榨菜初加工厂，22 个榨菜池子，可容纳 10 000 吨青菜头。2017 年种植榨菜 1 700 亩，其中丰都永兴 200 亩、包鸾 200 亩，忠县 300 亩、四川省三台县 1 000 亩。

三、发展在思路

蒋于平创业成功，总感觉事业发展还需要提高技能和更新理念，2017 年他参加了新型职业农民培训学习，在榨菜种植、加工、销售和农产品质量安全等方面的知识都有很大的提高，懂得了现代农业和发展方向，明确了新型职业农民在新农村建设中应发挥的作用（图 3-10）。

图 3-10　丰收景象——蒋于平在他的蔬菜种植基地劳动

回乡创业　功成惠民

——璧山区新型职业　彭登勇

彭登勇从 1999 年就开始种菜，现承包 150 亩地种植蔬菜，有种植陆地蔬菜和大棚蔬菜 19 年的经验。熟悉的人都说他是一个有胆略、善思考、肯吃苦的人。

一、投资农业新思路，市场导向稳起步

彭登勇，家住璧山区文星路，1999 年前他和朋友合伙投资了饮料厂，因经营不善无法维持，面对当时的困境，彭登决定改行，有一天从一本杂志上看到一条致富信息，搞大棚种植反季节蔬菜能够快速致富，善于动脑筋的他就琢磨开了。

投资是有风险的，搞大棚种植必须以市场为导向。于是他连续一个月跑外县和周边的集市，了解反季节蔬菜的市场行情，分析预期利润。根据初步测算，一亩大棚投资需要 2 900 元，纯利润可达 1 500 元，投资和市场前景十分看好。

二、回乡创业获成功、创新发展共致富

彭登勇是一个有胆略的人。1999 年他开始尝试种植蔬菜，他首先通过各种渠道补充技术短板，一边学习，一边摸索，慢慢地掌握了育苗、管理及病虫害防治技术。在当年春季，他定植了 3 分地黄瓜，当年收入了 1 500 多元，初尝甜头的他，在逐步扩大面积的同时，买来材料建了个简易大棚，到了第三年，已发展大棚面积 2 亩多。如今他已熟练掌握了 10 多种蔬菜生产技术，种植蔬菜大棚 8 亩，年收入 10 余万元。

三、致富不忘献爱心，回报社会显品质

彭登勇是一个热心的人。他不仅靠科技种菜自己走上了致富之路，还利用自己掌握的技术指导乡邻们种植蔬菜，如今，他的手机号码成了本村菜农种菜技术的热线电话，菜农在种植蔬菜上遇到难题。只要一个电话，他总是放下自己手中的活，赶赴农民家中，手把手地指导种菜技术。然而，他所做的这一切都是免费的、义务的。用他的话说：“我自己靠科技种菜致了富，帮助他人，乡里乡亲的收什么钱呢？”（图 3-11）

图 3-11　蔬菜新绿——彭登勇在他的大棚蔬菜种植基地劳动

带头发展甘薯产业　带领农民脱贫增收

——秀山县新型职业农民　滕明华

“读万卷书，行万里路”是创业者发现和捕捉商机的源泉。滕明华正是因为外出务工，拥有丰富的信息，掌握一定的知识，才在创业的道路上发现和利用甘薯产业及其产业链开发这一商机的。

一、硬汉撑起一片天

2013 年，在湖南省花垣县团结矿山做管理的滕明华，接到家里打来的一个紧急电话，妻子突患重病住院，滕明华当即放弃了在矿山上的管理职务，在家担任起了照顾妻儿的责任。返乡后他始终觉得应该做点什么才行，思前想后，终于在超市里的紫薯上看见了商机。随后，他在村里承包了 100 亩土地，试着种植紫薯。1 季下来，净收入达到 3 万多元。

二、迎难而上创辉煌

为了扩大种植规模，通过贷款承包了 400 亩土地。然而，正当他着手准备大干一场时，滕明华开始犯难了，种植 500 亩土地的劳动力、技术问题如何解决，甘薯产品如何储藏，销路如何打开等。两天决策，先后购买了两台大型拖拉机，聘请农业技术指导，联手开办甘薯加工厂房，通过一系列的措施，当年滕明华种植的 500 亩甘薯收到了很好的效果，甘薯及甘薯淀粉、甘薯粉在周边区县销售取得了良好的收益。甘薯加工厂现有甘薯淀粉、甘薯粉、甘薯酒等甘薯附产品，产品远销湖南、湖北、福建等地。

三、示范带动奔小康

目前，滕明华甘薯种植基地 700 亩，覆盖甘薯品种 20 多种，年产 1 700 多吨，是秀山县种植甘薯面积最大，品种最齐全，甘薯种植机械化最先进的甘薯示范基地，现基地常年从业人员 7 人，临时雇用人员 500 多人次，示范带动周边农户 244 户甘薯种植产业发展。用滕明华的话说：“峨溶镇栽培甘薯历史悠久，农户完全还是老一套耕作方式，当初我也是报着试一试的态度，改变了一下种植模式及品种，能够取得良好的效果也是大家的支持。”（图 3-12）

图 3-12　梦圆甘薯——滕明华在他的甘薯种植基地指导生产

建筑师投身现代农业　小山村变成蔬菜基地

——合川区新型职业农民　胡建

胡建，男，45 岁，大学文化、合川区大石街道办事处黄坡村人。

一、要致富、先修路，科学种植结硕果

学建筑的胡建，毅然放弃城里建筑工程师的事业，回到家乡合川。他老家不通公路，村民们要把新鲜农产品卖出，得肩挑背扛走上 2 个多小时，胡建个人出资 20 多万元，加上政府补贴，经过半年多的努力，一条长约 2 千米，宽 4.5 米的水泥路顺利竣工通车，村里 200 多户村民结束了肩挑背磨的古老交通历史。

修路仅仅是“致富路”铺就的序曲。2010 年 4 月，胡建在本村流转土地 300 多亩用于蔬菜种植，年产量 2 000 吨左右，年产值达 300 万 ~500 万元，蔬菜产品长期销往盘溪市场、杨家坪市场和重百、新世纪、永辉等超市，一度成为重庆市场蔬菜价格的引领者。为周边农户提供 200 多个就业工作岗位，全年支付工人工资 100 万元左右。成为本地区蔬菜种植户的佼佼者。

二、重科技、瞄市场，科学管理见成效

2010 年以来，胡建先后聘请有经验的蔬菜种植专家为技术员，专职负责蔬菜技术及设施建设指导。胡建还善于瞄准重庆市场“早春淡、早秋淡”行情，抓住蔬菜种植“早、时、新、优”特点，按照“人无我有、人有我优、人优我精”的原则，抢抓空档突破常规，狠抓春提前青椒、早春瓜果菜、早秋速生菜的种植，不仅使基地形成了自己的特色，也提高了生产效益。他还创新管理模式，调动基地成员积极性，在管理上，基地以人为本，人尽其能，不拘一格，奖惩分明。胡建说：“他还要进一步推广合作社模式，吸引更多的老百姓加入，逐步形成统一规划、统一管理、共同发展、共同富裕的新农村”。

由于成绩突出，胡建成为“合川区第十六届人大代表”“合川区 2011 年度‘优秀农村青年创业致富带头人’”“2010 年度种菜标兵”、“重庆市科技特派员”“全国优秀农村青年创业致富带头人”，也让过去的小山村变为了今日人人称赞的大棚蔬菜基地（图 3-13）。

图 3-13　胡建现场检查工作和亲自示范农机耕作

创建黄秋葵示范产业　带领农民增收致富

——黔江区新型职业农民　余官谦

黄秋葵引进黔江种植是一个新项目，要做好不容易，要做大做强更难。但是，新型职业农民余官谦做到了，而且，种、加、销产业链越做越长……

一、心系农业，思想素质好

余官谦，重庆黔江人，1996 年 7 月毕业于电子科技大学自动化系自动化专业。在大山里长大的他，熟悉黔江区主要是山地农业，他带着破解这一道难题的使命，发现随着人们生活水平和家庭收入的提高，对营养健康食品的需求会越来越大。绿色蔬菜产业是健康食品产业，正是生命科学发展中最具潜力的产业，这一部分市场的广阔度将会不可估量的。

图 3-15　农民典型人物——余官谦

二、坚定信心，发展特色农业

机会总比困难多。2007 年，他转行在白土乡山塘盖流转土地 500 亩，种植蔬菜，由于交通不便，亏损 60 万元。失败并没有难倒余官谦，他发现当地有一种肾豆，过去是土司的贡品，经检测富含亚麻酸，2008 年，规模种植和发展农户种植肾豆，当地政府将肾豆作为地方特色打造。2013 年，他牵头成立了重庆有益农业开发有限公司，在科委的支持下，获得冷榨黄秋葵油发明专利，经检测黄秋葵油富含 α 亚麻酸、维他命、矿物质、蛋白质、维生素 A、维生素 B、维生素 C、维生素 E、卵磷脂及多种矿物质，是一种营养极丰富、极俱开发价值的高档植物油。

图 3-14　现场交流

三、带领农户种植黄秋葵，发展种、加、销配套产业

2016 年，他把产业定位在黄秋葵种植和深加工上，建成 1 000 吨冷榨黄秋葵油加工生产线。2017 年在舟白箭坝建成 200 亩黄秋葵示范实验基地，带动农户种植黄秋葵了 2 000 多亩，亩产值达到 4 000 元左右。同时，有效引导本地秋葵产业向深加工方向发展，完善种植——加工——销售产业链，大幅提高秋葵产品附加值。打造“高山大盖”自主品牌，抢占市场份额，带领农民增收致富。2017 年 12 月，余官谦成为“重庆市现代青年农场主”。同年，荣获“重庆市劳动模范”称号（图 3-14、图 3-15）。

水产篇

从武术教练到水产养殖大户的完美转变

——万州区新型职业农民　冯地云

冯地云，男，现年 36 岁，万州区黄柏乡三坪村人。

一、为尽孝，弃武回乡创业见成效

因从小喜爱武术运动，高中毕业后的他进入河南省少林寺武僧文武学校学习武术专业，后任福建省龙江武校武术教练，事业正处于蒸蒸日上时，突然收到父亲、爷爷同时在家患重病的消息，孝顺的冯地云拒绝校领导的一再挽留，毅然决定辞职回家照顾两位老人。回家后冯地云开始酝酿在家乡创业，决定利用家乡泉水充沛的有利自然条件，开展池塘养鱼。养鱼生涯中，他和很多的养殖户一样，经历了鱼病、泛池、山洪漫塘、销售等困难，但冯地云的决心和毅力从来没有放弃过。没有资金，靠亲戚朋友凑；没有技术，请教老师和自学，通过近两年的经验总结，慢慢地开始走上了正轨，在乡党委和政府领导的鼓励与支持下，租用流转本村农户土地开始规模养殖，经过 7 年的发展壮大，现有养殖鱼塘 12 口，流水养殖池 8 口，养殖水面共 50 多亩，饲草基地 70 多亩，年产值逾 100 万元。

二、“吃水不忘挖井人”，带领乡亲们共致富

冯地云通过当地政府的推荐，先后参加了万州区新型职业农民培训和重庆农委组织的现代青年农场主培训，通过几次的学习交流，得到了很大的启示，扩大了思路，目前农场成为了集种苗、养殖、销售、科研开发及旅游观光农家乐为一体的新型生态家庭农场。

“吃水不忘挖井人”冯地云忘不了创业中前进的每一步，没有忘记党的富民政策给他带来的发展机遇，没有忘记社会各界对他的厚爱，他努力从各方面给乡邻和社会予以回报，通过“家庭农场 + 合作社 + 农户”的经营模式，2015 年以来带动周边 10 多户农户养殖场务工，促进户均年增收 1 万元以上。同时采取与农户和贫困户（50 个）结对等形式签订养殖合作协议，在技术、资金、信息、电商等环节实行全方位的指导服务，带动农户从事水产养殖，实现了共同发展，共同致富（图 4-1）。

图 4-1　农民典型人物 ——冯地云

追梦技术出成效　致富回报众乡亲

——大足区新型职业农民　谢云灿

谢云灿，男，大足区龙水镇桥亭村3组人，全国闻名的水产养殖能手。现任“重庆市大足区穗源种植养殖股份合作社”和“重庆市学清小龙虾养殖专业合作社”理事长。

一、刻苦学习，外行变专家

高中毕业后，就先后赴西南大学、湖北银丰水产集团和江苏盱眙等地系统学习池塘生态养殖、现代化经营理念及稻虾共生高产等技术，并连续12年参加重庆、大足两级农广校举办的各种水产特色培训班学习，使他在鱼病防治、水质调控、克氏螯虾繁殖等方面得到升华，养殖技术得到了长足进步。

二、稻田综合利用，梦想成真

他通过考察和市场消费调查，看到了稻虾综合利用发展潜力，2013年在大足区铁山镇建角村流转稻田920亩，新建标准化稻虾共生示范基地800亩，改造环境，攻克了技术难题，稻谷亩产超过450千克，虾亩产190多千克，亩产值9 820多元，亩纯利润5 200多元，区内推广面积6 580亩，年新增纯收入2 500万元，户平均增收8万多元。

三、池塘种养结合，效益翻番

池塘鱼菜（花卉）共生不但具有净化水质、修复和保护池塘水体环境，并能发挥池塘综合生产效益，实现了蔬菜的不施药、不施肥、无添加，鱼和菜都可达到绿色食品标准。从

图4-2　农民典型人物——谢云灿

2009年起，他连续将226亩鱼池全部实施生态立体种养模式，年收获绿色藤菜4.5万千克以上，新增纯收入15万多元，水体氨氮分别下降65.3%和62.4%，带动我区6 780亩渔业基地实施，总计新增纯收益达近700多万元，户平7.6万元。

四、心系乡亲，共同致富

致富不忘乡亲，用所掌握的知识，帮助他们解决技术难题。电话成"热线"，田边成"讲坛"，技术咨询1 520多人次，接待养殖户275人次。由于成绩突出，中央电视台《焦点访谈》和《农广天地》栏目组、重庆日报和电视台公共农村频道等多家媒体予以广泛报道（图4-2）。

专家点评

乡村振兴需要产业，产业发展需要特色，大足谢云灿就瞄准了小龙虾养殖这一特色产业，成就了他的创业之路。

一个藏山沟"不起眼"的养殖场，拥有全市小龙虾"定价权"，靠的什么？善于捕捉商机，多年来，小龙虾一直是重庆市民的夜市"宠儿"，再加上近年来不断有小龙虾新菜式以及高档小龙虾餐饮店出现，小龙虾的销售量一直处于供不应求的状况。但水产业和种植业以及家禽家畜养殖不同，要求的地理生态环境较高，谢云灿看中了地理环境和设施环境不错的铁山镇建角村，一举流转了700多亩地，建起了水池，发展起了小龙虾养殖。

谢云灿还有一个秘诀，就是搞立体养殖模式，一块田"花样"挣钱。他认为搞产业，不能把"鸡蛋放在一个篮子里"。所以，流转的700亩田地中，300多亩是稻+虾模式、200多亩是藕+虾模式、100多亩是水生植物+虾模式，三种模式就能带来多种商用产品，产生不同的经济效益。按目前市场上小龙虾的批发价为50元/千克，谢云灿的养殖场，每亩小龙虾的年产量在250千克，光小龙虾一项每亩产值就在12 500元，经济效益十分可观。

养殖成功后，他没有坐享技术收益，他经常说："我一个人富起来不算，乡亲们都富起来才是我最大的心愿。"如今，他作为一名普通的新型职业农民，用自己最朴实最平凡的行动讴歌着新时代职业农民的灵魂，树立着新型职业农民的光辉形象。

王加
点评人

攻克泥鳅繁育难关的新型职业农民

——梁平区新型职业农民　廖锡平

朋友，说起泥鳅，就会想起梁平，在梁平有一个远近闻名的泥鳅养殖专业户、泥鳅深加工行业带头人——他就是泥鳅繁育第一人廖锡平。

一、30 岁的商界老板，为了带动老家乡亲发展，回乡搞养殖业

2000 年，刚 30 岁出头的廖锡平已经是重庆市一家商贸公司的老板了，公司年利润 200 多万元。然而，他时刻关注老家发展，2012 年回到梁平开始进行泥鳅养殖。第 1 年投入了近 100 万元，由于缺乏技术和经验，这 1 年泥鳅养殖血本无归。面对失败，廖锡平没有放弃。第 2 年春天在重庆西南大学和梁平农委支持下，摸索出一套适合梁平的泥鳅养殖方法，成功攻克泥鳅繁育技术难关，当年就成功获利。2013 年廖锡平成立了泥鳅养殖专业合作社，对农户养殖的泥鳅进行统一收购和销售。2014 年底他成为梁平区泥鳅繁殖育苗第一人。

二、为解决销售难题，发展泥鳅深加工企业

随着泥鳅养殖产量的提高，销售也慢慢遇到了泥鳅出产旺季恰是销售淡季的难题，这给养殖户和产业发展带来一系列的影响。为此，廖锡平到处考察泥鳅深加工技术。2015 年 1 月重庆回味食品有限公司应运而生，公司位于重庆市梁平区明达镇万亩生态泥鳅产业园内，占地面积近 20 亩，是集泥鳅孵化、养殖、生产、加工、销售为一体的综合性企业。公司的成立有效解决了泥鳅滞销难题，拓宽了销售渠道，保障了养殖户和行业健康可持续发展。

三、致力企业发展，提高社会效益

以廖锡平为总经理的重庆回味食品有限公司自建立以来，不断引进先进的企业流程和泥鳅养殖技术，致力于将本土生态资源优势转化为经济优势，并发展成为具有梁平特色的天然食品深加工龙头企业，以“发展传统产业，成就行业先锋，生产绿色安全食品”为理念，最终实现“全国泥鳅看重庆，重庆泥鳅看梁平，梁平泥鳅看回味”的目标（图 4-3）。

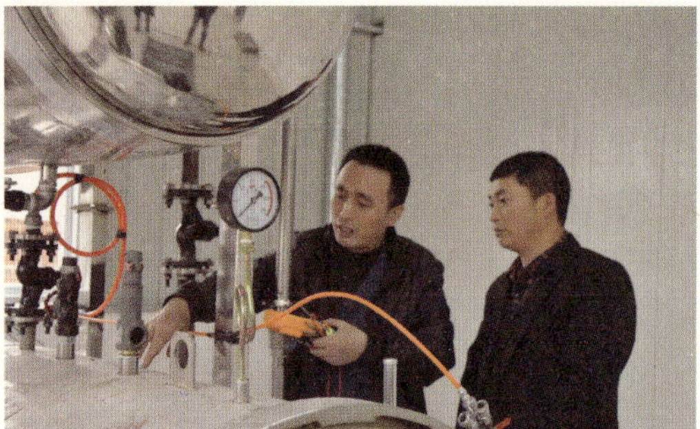

图 4-3　泥鳅诱惑——廖锡平在他的泥鳅基地培训人才

一个永不服输的当代农民

——涪陵区新型职业农民　谢久中

当农民在创业时，会面临 2 种选择：一是畏惧退缩，二是坚强拼搏。谢久中从小家庭环境条件较差，练就了面对困难坚韧不拔的性格，成为一个永不服输的新型职业农民典型。

一、恋乡情节创业梦

2011 年，带着回乡创业的想法，谢久中携资 300 多万元回到家乡发展生态观光农业和水产养殖业。两年来他先后组织成立了重庆市涪陵区中隆泥鳅水产养殖股份合作社、涪陵区李凤容水产养殖场和龙潭八宝园生态农家乐。其中八宝园生态农家乐年营业额可达 300 多万元，利润 80 多万元；水产养殖合作社（场）已拥有技术人员 3 名，固定工作人员 11 人，临时工 28 人左右，目前，合作社社员已发展到 70 人，社员养殖面积 3 000 多亩，年销售额达 1 800 万多元，纯利润 90 万元。

图 4-5　农民典型人物——谢久中

二、提升能力学习忙

创业难，兴业更难。生态观光农业和水产养殖业，对谢久中来说是一个全新的产业，他似乎有点力不从心。2014 年，正当他为第 2 年合作社的发展规划发愁时，参加了涪陵区农广校举办的“新型职业农民培育水产班”，一份完善的培训计划交到了谢久中手里，打开一看，这份计划完全是按照他和其他社员的要求制定的，包括农民专业合作社组织与管理、市场营销、水产健康养殖技术、产品市场开拓、生态发展理念等内容，如此对胃口的培训，让人想拒绝都难。

图 4-4　谢久中在他的种植、养殖基地指导工作

三、调整结构创新业

通过培训与外出实地考察名优鱼养殖，谢久中大胆着手调整养殖品种，养鱼要注重培育品牌，也要选择好品种；养鱼要讲规模，同时也要讲特色；养鱼要找钱，但更要找大钱。这便是谢久中通过学习培训后形成的养鱼新理念，凭借这些新理念，目前，他的养殖规模扩大到 100 亩，同时帮助社员们转型并扩大养殖规模，使全镇养鱼业规模已突破 4 000 亩，产值突破 4 000 万元，真正实现龙潭镇健康水产养殖规模化、集约化、产业化（图 4-4、图 4-5）。

养殖大闸蟹　带富众乡亲

——武隆区新型职业农民　樊霞

樊霞，武隆区水淼生态农业发展有限公司负责人，2016 年被确定为现代青年农场主，是武隆区有名的大闸蟹养殖大户，2016 年荣获武隆区“劳动模范”荣誉称号，并当选为区政协委员；2017 年被武隆区委区政府评为“武隆区十佳乡土人才”。

一、外出务工学技艺

1991 年，樊霞高中毕业之后随父母一道去了杭州打工。一个偶然的机会，她在当地的一次饭局中吃到大闸蟹。被大闸蟹的美味所折服的她，想到家乡武隆的生态环境很好，是不是也能养大闸蟹呢？从那以后，樊霞便产生了回乡创业养殖大闸蟹的念头。于是，樊霞便来到阳澄湖找师傅学习养蟹技术。在跟着师傅学习 2 年之后，樊霞回到家乡武隆，准备自己养殖大闸蟹。

图 4-7　农民典型——樊霞

二、回乡创业谋发展

2014 年 3 月，樊霞在区农委水产站支持和帮助下，完成了实地调研、选址、规划等准备工作，她在水质优良、水草丰茂的凤来乡六角水库试养了 25 000 只蟹苗，经过半年的精心管理，终于养殖出了青背白肚、金爪黄毛的优质大闸蟹。为了解决大闸蟹的销路问题，凤来乡政府特地举办了一个隆重的开湖捕蟹仪式。樊霞养殖的大闸蟹短短几天就销售一空，获得销售收入 35 万元。

图 4-6　浙蟹渝传——樊霞在她的大闸蟹基地查看蟹苗长势

三、带领乡亲养蟹致富

2015 年樊霞开始扩大养殖规模，在自己的养殖基地投下蟹苗 10 万只。同时，鼓励带动周边农户养殖大闸蟹。统一技术指导，统一回收销售成品蟹。当年凤来乡大闸蟹养殖规模就达到了 15 万只，实现销售产值 175 万元。从此，大闸蟹养殖成了凤来乡特色水产养殖的主导产业。2016 年，她牵头成立了“武隆区水淼生态农业发展有限公司”。2017 年已在火炉、凤来等乡镇发展 70 多户养殖大户，养殖面积达到 1 300 亩、养殖大闸蟹近 80 万只。目前，樊霞正在为养殖的大闸蟹申报“无公害食品”认证，力争创建“武隆大闸蟹”农产品品牌（图 4-6、图 4-7）。

特经篇

事在人为　绿水青山实践结硕果

——荣昌区新型职业农民　秦兆宏

秦兆宏，男，荣昌区清流镇马草村五组人。

一、践行“两山”理论的实践样本

秦兆宏，一个坦克兵复原军人，带着一帮农民兄弟，成立了重庆兆宏农业开发有限公司，农户以耕地入股，股份交由公司经营，扩大了绿色生态经果林面积，经过10多年的不懈努力，柑橘生产基地从原来的200多亩，发展到如今的3 000多亩。统筹治山治水、护湿护田，促进了山水林田湖生态综合治理，改善了区域生态环境，营造了人与自然和谐的绿色生态家园。

二、服务实体经济，贡献金山银山

经果林建设释放了山、地、树的潜能和活力，实现了生态效益，绿水青山成为金山银山。从推动绿色产业发展看，年产量超过2 500吨，公司年产值超过2 000万元，解决就业人口100多人，合作社就业人员每年增收28 800元。

三、注重生态，保证品质。

多年来，该公司产品以远超同类产品，品质好深受客户的好评，2015年通过中国绿色食品发展中心认证，经公司带动，柑橘产业已辐射全区5个镇，种植面积达3万多亩。

四、服务提质增效，助力林业发展

经果林建设建设紧紧围绕提质增效，综合运用现代理念、科学手段、先进装备等要素，积极借鉴先进做法，大幅度提高林业综合生产水平，利用后发优势实现了快速赶超，成为林业现代化建设的重要“试验田”。

五、强化经营管理为重要手段

经果林建设，通过推进林业生产经营管理方式变革，在管理上取得了新突破。全面加强

图5-1　农民典型人物——秦兆宏

经果林建设相关制度、政策、技术、规程、监测、考核等建设，初步建立了经果林建设制度方案为主体的基础制度规章体系，确保经果林建设规范化、制度化。充分借鉴其他经果林业项目的先进经验做法，采取高效集约经营、栽培模式，初步建立了经果林建设培育、经营和管理体系，确保经果林建设高效化、精细化（图5-1）。

专家点评

习近平总书记指出："绿水青山就是金山银山。"秦兆宏同志从部队复原到一个普通农民，带着一帮农民兄弟，怀揣着对家乡的热爱和广大农民脱贫致富奔小康的执着追求，经过新型职业农民的培训，将学到的先进理念、管理模式、栽培技术、运用在推进生态文明建设和脱贫致富的过程中，启动实施了经果林建设工程，统筹治山治水、护湿护田，促进了山、水、林、田、湖生态综合治理，既改善了区域生态环境，营造了人与自然和谐的绿色生态家园，又发展了林、果产业、提高了农民的经济收入。

经果林建设释放了山、地、树的潜能和活力，实现了生态效益，又使绿水青山成为了金山银山。目前，他公司产品年产量超过 2 500 吨，公司年产值超过 2 000 万元，解决就业人口 100 多人，合作社就业人员每年增收 28 800 元。

秦兆宏同志为实现脱贫致富做出了积极的贡献，取得了"一举多得"的积极成效，走出一条绿水青山就是金山银山的实践之路，不愧为当地远近闻名的致富带头人，是新时代新型职业农民的楷模。

王加
点评人

巫峡江边飞出的金凤凰

——巫山县新型职业农民　向明

向明，女，26 岁，大专毕业，巫山县曲尺乡新安人。

一、利用家乡资源优势，发展柑橘、脆李等果树产业

图 5-2　农民典型人物——向明

曲尺乡新安 1 组地处长江边，土壤肥沃、质地优良，具有种植柑橘、脆李等水果的天然优势。2015 年初，向明流转土地 200 亩建成果园，成立了巫山县杰明果品种植专业合作社，为了学习和掌握果树栽培技术，连续几年都参加县农委举办的新型职业农民果树种植和管理技术的培训，将学到的知识改进了传统种植、管理和销售，成功实现了产、供、销“一条龙”产业模式。2016 年果园产值就达到了 180 万元，比以往农户自行种植销售，提高了 35% 的销售额。2017 年她注册了“曲尺果”商标、巫山脆李也通过了无公害农产品认证，巫山纽荷尔绿色食品的认证，也正在通过样品检测中。

二、利用电商平台优势，实行产、供、销产业模式

为了实现产、供、销“一条龙”服务链条，2017 年她开设微商城和网店，使用新的零售方式，促进销售，每年自身创造纯收入 20 万。这样，一是为当地电商等微商城提供优质货源。二是开通一键式代发销售柑橘、脆李和巫山腊肉，带动留守妇女、兼职人员创业致富，三是组织人员到田间进行采摘游玩活动，将果园基地打造成乡村旅游示范点。

三、利用自身技术优势，打造电商学员培训平台

为让更多的农户知道电商、了解电商、掌握电商、运用电商，将巫山土特产品推荐销售，向明同志主动担任县农委举办的新型职业农民培训的电商教师，将自己所学的电商知识、开办网店的经验毫不保留地传授给培训学员，使培训学员受益非浅。近几年来，她共培训学员 500 多人（图 5-2）。

勤劳成就梦想

——万盛区新型职业农民　犹绍华

犹绍华，男，46 岁，中共党员，全国农业劳动模范，新型职业农民。

一、积极探索一条发展绿色农业的新路子

犹绍华先后种了梨树，搞了生猪、山羊养殖，逐渐发展起生态农业家庭农场——雷峰垭家庭农场、重庆市珍勤山羊养殖股份合作社。他用梨园的草养山羊，用羊粪等有机肥给梨树施肥，并接待游客前来摘梨、吃羊肉，以农业观光旅游、休闲度假为主导，着力打造特色种植、养殖、餐饮服务为主体的新型循环经济发展模式。

图 5-3　农民典型人物——犹绍华

他的产品杜绝使用农药和化肥，使生产出的产品能达到绿色，无公害，有机食品的标准。农场成立后，推动了全镇 8 个村，近万亩伏淡季水果大力发展，为了解决了水果生产过剩销售难的问题，经多年摸索，又开发了新产品龙井梨膏，提高了梨子的附加值，收入年年攀升，示范作用明显。

二、共同致富才是真

犹绍华致富不忘乡亲，他把种梨技术免费传授给大家，养羊技术也一并分享给周边村民。村民好奇地问他：你给我讲这么多养殖山羊的知识，不怕我学好了与你抢生意吗？他笑着说："我一个人富了有什么意思，大家都富裕起来不是更好吗？"这就是犹绍华，不管是本村村民、还是其他同行，他都乐于和他们一起分享自己的"秘诀"。

犹绍华致富的同时也不忘回报社会，在 2017 年"重阳之日"万盛子如广场开展的"重阳节赠梨膏"活动上，当日 70 岁以上的老人凭《老年证》领取 70 克装的梨膏 1 瓶，共送梨膏 2 000 瓶。到青年和关坝镇敬老院开展慰问活动，对院内五保老人赠送 500 克装的梨膏

80 多瓶，此项活动赠送梨膏共计价值 2.5 万元，受到相关单位和广大城乡老人的好评。

由于犹绍华同志的勤劳致富、示范带动，2017 年荣获由农业部、人社部联合评选的“全国农业劳动模范”，并受到了习近平总书记等党和国家领导人的接见（图 5-3）。

专家点评

“我是农民，应该回到农村，在农村干出一番事业来。”犹绍华 17 年坚守在一方土地，用勤劳的双手改造土地、种植经果林；他，是懂农业、爱农村、爱农民的优秀代表，将希望的种子播撒在广袤的田野，走出了一条发展绿色农业的新路子。

犹绍华，在实施乡村振兴战略、推进农业供给侧结构性改革、推动农业绿色发展、推进精准脱贫等实践中埋头苦干、锐意进取、不断创新、探寻着农业的绿色永续发展之路。17 年来，犹绍华尝尽了一次又一次的心酸和痛苦；也赢得了一次又一次的丰收和喜悦，为了改良土壤，犹绍华到处搜集猪粪、羊粪做试验，常常在肥料发酵房里一待就是一天，专心研究肥料配比。经过上万次的试验后，犹绍华终于成功了——在农家肥里添加益生菌，改良了土壤结构，优化了产品品质。

一花独放不是春，犹绍华经常说：“我一个人富了有什么意思，大家都富裕起来不是更好吗？”多么朴实的语言，目前，他正带领着村民一起种植梨树、养殖山羊，毫无保留地为村民传授种养技术，目的就是为了增加大家的收入，实现共同致富。我们坚信，不久的将来兴隆村将在犹绍华的带领下，一定会迎来万花齐放春满园的景象。

王加
点评人

草莓达人

——渝北区新型职业农民　覃昌辉

覃昌辉，男，31 岁，渝北区渝兴莓农业有限公司负责人。

一、失败是成功之母，只要有信心。

覃昌辉在渝北区兴隆镇发扬村，流转了 15 亩土地，开始兴建大棚种植草莓。每天辛勤地劳动但心里还是美滋滋的，到第二年春天终于见到第一批花蕾绽放了，心里憋不住地欢喜。没过几天，由于缺乏实践经验，让娇气的花蕾染上了灰霉病，一朵朵萎靡地垂在垄上。哪料，没隔几天，拯救回来的草莓苗又被一场突袭的狂风暴雨全部摧毁。

是不是应该放弃，不能认输！理清思路后，立即组织工人及时清理大棚，争分夺秒再次把苗子种上。与此同时，请教专家，请教能人，向一些有 20 多年种植历史大户拜师，交流种植经验。经专家指点，选出了适宜渝北种植的品种，经过科学的田间管理、半年后，终于有了红彤彤的草莓果实。

图 5–4　农民典型人物——覃昌辉

二、技术是成功之源，只要肯学习。

覃昌辉肯学习、爱钻研，再忙也不放弃每次农广校组织的青年农场主培训和其他学习提高的机会，他说：“干农业需要有热爱的心，更要有不断学习的劲”，就这样，他利用学习到的技术和先进的经营管理理念，精心管理草莓园，使草莓的品质日益提高，成了渝北草莓的口碑产品，多次得到市、区农委表彰。年接待采摘游客 5 万人次，实现产值 250 万元。

在取得的成绩面前覃昌辉没有满足，他认为，草莓鲜果采摘是一种形式，还应瞄准种苗市场，于是。他选择高海拔冷凉气候的利川县和石柱县，流转土地 100 亩，开辟了自己的种苗培育基地，远销到贵州、福建、广州、浙江、云南、江西、湖北等省市，年销售种苗 300 万株。覃昌辉还进行深加工，开发出鲜食草莓酱、草莓牛轧糖、草莓花束、草莓巧克力等人们喜闻乐见的精制高端产品，市场反响非常好，产品供不应求。从而，更加坚定了他把草莓事业做好的决心（图 5–4）。

创茶叶自有品牌　带农户脱贫攻坚

——酉阳县新型职业农民　陈长友

陈长友，男，现年 30 岁，中专文化，重庆市酉阳县铜鼓乡李阳村 4 组人，“酉茗堂”茶叶品牌创始人。

一、瞄准时代机遇，萌发品牌意识

陈长友出生于酉阳铜鼓乡一个偏僻小山村，曾外出务工从事多种行业，在生活的磨难中也在苦苦寻觅商机，他在销售茶叶的过程中，发现市场上所见茶叶都是外地品牌，而酉阳本地口感、品质俱佳的茶，没有自己的品牌而只能以散装茶叶在当地销售，这让他感觉到心酸及深深的无奈，此时酉阳政府正好出台相关优惠政策，陈长友意识到这是时代带来的机遇，于是决定回乡创业，打造一个属于酉阳人自己的茶叶品牌。

2010 年 8 月陈长友带头组建了酉阳县一品堂茶叶专业合作社，在龙潭镇创建了 500 亩茶叶种植基地，开始尝试种植、生产、加工、销售一体化经营模式。

二、加强知识储备，扩规模铸品牌

在经营的同时，陈长友认识到知识储备的不足，开始参加技能培训，不断提升自我。于是，陈长友从一个“串串”慢慢成长为国家中级评茶师、合作经济管理人员、新型职业农民，每一次的进步和提升，都是新时代农民精神的写照。

为了扩大市场，铸造品牌，2011 年陈长友成立了重庆市酉茗堂茶业有限公司（现已更名为“重庆市酉茗堂实业集团”），同年取得食品 QS 安全许可认证。在 2011—2017 年的 6 年时间里，公司在酉阳县宜居、龙潭、铜鼓等地发展茶叶基地 1 000 多亩。

三、心系家乡父老，致力恩报桑梓

陈长友组建合作社以来，充分利用农村闲置土地和富余劳动力，使酉阳茶叶产业有较大发展，拓宽了农民增收的渠道，涉及土地流转农户 328 户、1 312 人（贫困户 85 户、350 人），在他的带动下，通过种植茶叶，每家农户每年收入达 3 000 元以上。他的公司也成为了一家从事标准茶园建设、产品加工、专业营销团队及推广的市级龙头企业，并获得“重庆市最受消费者欢迎产品”“重庆诚信企业”“重庆百户型企业”“2017 年亚太茶名大奖（金奖）”等荣誉称号（图 5-5）。

图 5-5　农民典型人物——陈长友

打造绿色健康果园　带领果农共同致富

——开州区新型职业农民　文太胜

文太胜，男，现年 42 岁，重庆市开州区天和镇安静村人。

一、回乡创业，建设标准示范果园

2001 年 9 月，文太胜打工回乡，在丰乐街道乌杨村租赁荒坡地 350 亩，建成了一个集新品种展示、新技术试验的高档果品生产供应基地。引进的新品种、试验的新技术、推行的栽培管护模式，实现的栽培效果，引来了全区果品生产乡镇果农现场学习，得到了重庆市果树专家和领导的肯定和市级领导高度赞赏，来自香港、澳大利亚等地的老板和专家也到现场考察。

二、绿色品牌，促进产业健康发展

在保证果实质量的前提下，文太胜始终坚持狠抓品牌建设。一是坚持每年送样检测，申报成功 3 个柑橘绿色食品；二是注册“渝康”牌富硒柑橘品牌，制作专门包装箱；三是建立质量追溯制度，制作果标和箱标防伪码，卖出去的每一个果子，都能通过免费电话查到哪个果园、哪个地块生产的。正是因为有了品牌和质量，在重庆市享有盛誉，成为高档商品的供应园，特别是富硒柑橘为主的果子每年都供不应求。

三、带头示范，带动农户共同致富

他在自己租赁柑橘果园生产经营的同时，时时没有忘记自己是一名共产党员，每年无偿为周边农民进行技术培训 10 次以上，他还免费为果农提供信息，自己组织劳动力为全村果农调配农药、开展统一施肥和打药，带动全村柑橘管理。得到了重庆市果树专家和领导的高度赞赏。

近几年来，他又投资 300 万元在三汇口乡建设晚熟李、甜油桃、早熟梨 800 亩，2015 年在竹溪镇大海村流转荒废果园 1 000 亩改换成沃柑新品种，果园基地的建设，为全区柑橘产业的发展起到一个示范带动作用（图 5-6）。

图 5-6　农民典型人物——文太胜

家乡的热爱　农业的情怀　返乡再创业

——合川区新型职业农民　马快

马快，男，39 岁，合川太和人，合川区第十七届人大代表，合川区旅游商会副会长，合川水果产销联合会副会长。

一、立志返乡创业

高中毕业后的马快跟随舅舅去到广东学做塑胶贸易生意。经过 12 年的辛苦打拼，在当地站稳了脚跟，成立了塑胶贸易公司，娶妻生子，过上了全家富足的生活。一次朋友聚会，无意中听到旁人对合川农业产业的相关介绍，顿时动了念头，妻子理解并支持他的想法“对，就回家做农业！”

二、找准定位开干

回乡后，他与 2 个朋友合伙，每人出资 70 多万元，在大石街道竹山村建起了占地 100 多亩的“香提多葡萄园”。除主栽种葡萄外，还开挖了 3 个鱼塘，喂养了鸡、鸭等一批家禽。最初，葡萄园引进了魏可、夏克、巨玫瑰、红芭啦多和金手指五个品种，并聘请了一批技术员和农业专家“把脉问诊”。从栽苗那天起，马快就定下一个宗旨：一定要严格控制高残留农药，种随摘随吃、绿色放心的生态葡萄。但没干多久，几个合伙人的经营理念发生了分歧，最终只得分道扬镳。马快借款买下其他两位合伙人的投资份额，独自经营葡萄园，低迷的他通过外出考察学习，回来后便全部采用生态绿色技术管理，终于以实现“品相好，品质好，口感好”的优质产品。

三、带领村民致富

2018 年，马快投入近百万元，将葡萄园再扩大 40 多亩，产量和游客量也随之稳步上升。眼下，他正在加紧以打造乡村旅游新景点，并实现了线上销售。今后“香提多”葡萄在立足合川本地的同时，还将逐渐向重庆周边地区扩大销量和影响力，让更多市民品尝到这款“有身份”、可溯源的优质葡萄。葡萄园建成 5 年以来，不仅帮助 8 名贫困户就业脱贫，带动 2 家农副产业发展，还积极带动周边劳务经济，累计为附近农户增收 100 多万元（图 5-7）。

图 5–7　农民典型人物——马快

硕士返乡种葡萄

——垫江县新型职业农民　童平

童平，男，36岁，汉族，农学硕士，中共党员，重庆垫江人。

一、硕士返乡当农民

2008年7月毕业于四川农业大学作物栽培专业的硕士研究生童平回到家乡，担任垫江县裕康葡萄种植专业合作社理事长。带领的合作社种植面积从最初的50亩扩大到现在的200亩，同时为当地农户无偿提供技术指导，辐射带动面积达2 000多亩，涉及农户500余户，合作社成员人均收益高于当地平均收入50%以上。

内行的人都知道，要想在重庆地区把葡萄种好，可不是一件容易的事。童平当时接手的园子就是一个种植失败了的葡萄园，由于有技术上的优势，不但葡萄种出来了，而且品质非常好，一上市就受到消费者的热宠。

图5-8　农民典型人物——童平

二、新型农民需懂技术、善经营

为了进一步提高葡萄的质量、品味和市场竞争力，童平多次到重庆、四川、浙江、江苏等地考察、学习同行的先进经验。经过考察，他充分认识到，做农业一是要懂技术，二是要懂经营。为此，每天泡在地里的他，先后以第一作者发表刊物6篇，获得国家专利4项。在经营上，必须走品牌化的道路，为此，他首先将自己的葡萄注册为“御康”商标。在县农委的指导下，合作社严格按照绿色食品生产标准进行生产，2013年合作社生产的“御康葡萄”通过了国家绿色食品认证。

三、功夫不负有心人

经过几年的努力，童平和他的合作社取得了可喜的成绩。2012年成功举办了垫江县第一届葡萄采摘节，同年被评为重庆市农民专业合作社示范社，2014年被评为国家农民合作社示范社，又被评为“质量强县获奖企业”称号。在企业发展的同时，他个人也获得了一些荣誉。2014年被推选为重庆市青联委员，同年又被评为“垫江县乡村致富好青年”，2015年获得“重庆市农村电商带头人”称号，2016年获得“重庆市杰出人才突出贡献奖”，同年又被评为“全国农村青年致富带头人”。现在还兼任垫江团县委副书记，带领更多的青年创新创业（图5-8）。

职业农民引领　共走致富之路

——江津区新型职业农民　龚文莲

龚文莲，女，江津区白沙镇红花店社区 1 组人，是当地远近闻名的花椒种植大户。

一、承包花椒地，义无反顾

2000 年，龚文莲夫妇在家务农，由于家庭贫困，全家人入住于姨妈赠送的 40 米 ^{2} 的草棚里面生活，孩子周世伟读书生活费用都成困难，夫妻二人没有劳动技术、学历，只能靠种植蔬菜为生，收入微薄。偶然的机会，龚文莲接触到花椒，省吃俭用不顾亲友的反对，借款承包土地 10 多亩，购进花椒苗，开始辛苦的种植之路。

二、与时俱进，科学种植管理

土地有了，如何提高科学种植的水平，成了龚文莲考虑的首要问题。在花椒种植过程中，龚文莲清醒地认识到，市场时刻在变化，苦干不如巧干。在农技部门的推荐下参加新型职业农民培训，从中学习新的科学种植花椒知识，以此完善花椒种植经营管理。

在农技专家的指导下，龚文莲订了有关农业生产的书籍及报刊，闲暇之时反复学习科学种植花椒的知识。另外在农业部门的指导下积极应用新的优良品种九叶青科学管理。

在病虫害防治方面，及时请教农技部门有关专家科学用药，防止病虫害的发生，收获时使每亩花椒增产近 10 千克，花椒种植也从以前的 10 多亩到现在的 50 多亩，年收入达到 50 多万元。

三、联合经营，走勤劳致富之路

多年来的花椒种植，使龚文莲积累了大量的花椒种植经验，也获得了巨大的收益。但是，她深知现代农业要求，仅仅靠盘活几亩土地，是无法奔小康的。“必须联合经营，广开财路。”如今，她和附近椒农组建花椒生产专业合作社，计划在 3 年内带动农户 50 户发展九叶青花椒 500 亩，让这个产业进一步做大做强，引领红花店社区村民们种植花椒，发家致富，也让自己的事业不断壮大（图 5-9）。

图 5-9　农民典型人物——龚文莲

尖山镇上的“灵芝妹”

——巫溪县新型职业农民　李晓燕

李晓燕夫妇曾在福建打工，还在福建开办过自己的食用菌场，基于乡愁，他俩决定带着在沿海学到的先进技术经验，生产经营模式和资金返乡创业。2012 年返乡后，通过多地考察，最后锁定海拔 900 多米、交通条件便利的巫溪县尖山镇大包村，他们用 80 万元的积蓄成立了巫溪县祥能菌业有限公司。

一、初来乍到，困难重重

她是外乡人，土地问题、资金短缺、人生地不熟，无法获得百姓的信任……李晓燕夫妇只好带着家人自己做，一年下来，公司取得近 10 万元利润，也逐渐取得了百姓的信任，促进了百姓的就业。李晓燕夫妇为想发展食用菌的贫困农户免费提供菌种，上门进行技术指导，采取“基地 + 农户”的模式，带动贫困农户增收致富，2017 年生产灵芝 10 万袋，生产食用菌 40 万袋，吸收当地 100 多人就业，人平均务工收入平均 8 000 元以上，同时为 65 个贫困户提供灵芝和食用菌 10 万袋，并回收产品，让贫困户得利户均增收 25 000 元。

图 5-10　农民典型人物——李晓燕

二、开发新品种，拓宽新渠道

一个偶然的机会，得知医生用灵芝来帮助病人摆脱病魔，恢复身体健康。李晓燕夫妇俩决定除保留原种植的食用菌品种外，为更多人身体健康而大力开发灵芝产品。他们不断在自己的基地中实验，在一次又一次的实验失败中总结经验，成功创立了一套新的灵芝盆景培育方法，灵芝盆景是她们经数年艰辛开发的特色品种。同时还不断引进新品种、新技术，不断创新。在扩大产能的同时，他们还不断拓宽销售渠道：利用“互联网”+ 的思维、O2O 的模式，通过自己开网店、微店、微商城、QQ、微信群及其他电商平台等互联网，加强对外宣传，扩大交流合作。

付出终于得到了汇报，李晓燕把乡亲们对她的尊称注册成了“灵芝妹”商标。她的基地先后被分别评为，“全国优秀合作社”“全国科普惠农兴村先进单位”等数十个荣誉称号（图 5-10）。

大学生回乡创业　谁说女儿不如男

——永川区新型职业农民　蒋平

蒋平，毕业于西南大学会计专业，于2012年回乡创业，2015年参加新型职业农民青年农场主培育。

一、听从父亲召唤，辞职回乡创业

2012年蒋平辞掉成都的高薪工作，听从父亲的召唤，回到家乡永川，在三教镇，青峰镇先后承包了500亩土地，种植琯溪蜜柚。由于前期资金短缺，就在蜜柚苗行间空地里种植各种时令蔬菜。不懂的技术她就上网查询，买各种相关的技术书籍，不断地学习种植技术。经过千辛万苦种植出来的蔬菜却遇上了卖难的问题，蔬菜交给批发商批发，价格低得难以想象，于是她决心自己批发蔬菜。没有车子拉货，她筹措资金买了一辆二手货车，自己学习驾驶，然后拉货到川东农贸市场批发蔬菜，天天熬夜，辛苦万分，创业的道路是艰辛的。

二、功夫不负有心人，创业道路终起色

蜜柚行间种植蔬菜取得了阶段性的胜利，基本上可以自负盈亏了。2013年在永川区经作站的帮助下新建了10亩钢架大棚用于种植蔬菜，2015年她参加了新型职业农民青年农场主培育，同年，她成立了重庆市永川区丰航蜜柚种植家庭农场，基地聘请了专业的技术人员，蔬菜的种植与销售更上一层楼。2015年农场的蔬菜年销售额突破百万元，农场的运转越发正常，还带动了周边留守妇女跟着她一起种蔬菜和蜜柚。2016年她成立了青峰镇蔬菜种植协会，经常和周边的农户一起探讨蔬菜种植技术，帮助周边农户收购销售，从不赚取差价。

三、5年苗期苦等，终得蜜柚甜心

5年的琯溪蜜柚苗期等待，枝头上终于挂满了累累硕果。她经常在田间地头和工人们一起摘柚子，那黄澄澄的柚子拿在手里，甜在心里。2017年蜜柚的产量达到10万千克，来田间地头采摘的顾客络绎不绝，超市的订单纷至沓来。蜜柚和蔬菜的销售额早已突破百万，年纯利润近20万元。他们小两口辞掉大城市的工作，回到农村坚守创业，终于得到了甜心的回报（图5-11）。

图5-11　农民典型人物——蒋平

森林中的果园

——万州区新型职业农民　王万清

王万青，男，万州区溪口乡九树村 8 组人，是当地远近闻名的果树种植大户。

一、第 1 次返乡承包土地务农，功亏一篑

王万清是九树村人，他先后分别从事了裁缝、赤脚医生、开小餐馆、做小百货、小家电生意多年。当每次回老家探亲，看到因无人耕种而撂荒的土地，便燃起了返乡从业的愿望。他不顾家人的反对，在本村 9 组承包了 70 亩荒地，计划着种植魔芋。没想到种下 1 个月后，流转的这批地的土质根本不适合种植魔芋，全部烂在了地里。就这样，投入的 4 万元也就全打了水漂，第 1 次规模种植失败了。

二、面对挫折，不折服，擦干眼泪再前行

一直不甘心的王万清再次积累了足够的资本后，于 2014 年 3 月，他再次返乡，这次他有备而来，不再蛮干。他报名参加了万州区农广校在溪口镇举办的新型职业农民培训班，这一次，他学得了农业项目的选择、成本核算、风险的管控与防患，同时也了解了如何施肥、苗期的管理、水肥的应用与管理。培训期间，他请来授课的高级农艺师来到九树村的田间地头，为他把关，经过土壤、海拔，气候分析，专家认为，该村适合种植猕猴桃和李子，这些水果市场前景不错。他就长期聘请果树专家做技术顾问，有了专家的鼎力支持，让他有了充足的信心，先流转 100 多亩种植猕猴桃，后又流转 500 亩种植李子，建起了标准果园。

三、功到自然成，带动乡邻共奔富裕路

如今，王万清的果园试产就收入 20 多万元，他的发展也带动了全村的脱贫致富，如 50 多岁的吴锡文家境贫寒，妻子有病，以前没有其他经济收入，妻子的药费还需借钱，吴锡文说："现在在王万清果园做工，每天 60 元，收入较为固定，从建园到现在挣了上万元，妻子的药费不愁，家里也比原来好多了"（图 5-12）。

图 5-12　农民典型人物——王万清

种植葡萄　致富乡亲

——大足区新型职业农民　安育林

安育林，男，大足区铁山镇高龙村 5 组人，是当地远近闻名的葡萄种植能手。

一、辞工返乡，自主创业

自主创业是安育林长久以来的梦想，迈上返乡路的他已经积累了一部分创业资金，同时也具备了相应的管理能力。回到家乡，说干就干，根据当地的气候和地理条件，拿出资金，在铁山镇高龙村承包了 100 多亩地，并注册成立了大足区多宝苑葡萄种植基地。

二、刻苦钻研，变土专家

万事开头难，凭着一份解不开的“乡土情结”，他一头扎进了承包地。为学习先进栽培技术，他不辞辛劳，拜师请教、借书自学、参加培训，取得了农民高级技师职称，被大足区农广校聘为编外教师，负责全区的葡萄技术培训。他还被大足区组织部聘为党员远程教育本土农村实用人才教师，2016 年他的多宝苑葡萄基地被重庆市农委评为“新型职业农民培育工程孵化基地”。

三、3 年坚守，初见成效

艰辛的付出终于有了收获，2013 年，他的 100 多亩葡萄树全部开花结果，产量达 10 多万千克，总产值 120 多万元，除去成本，每亩经济效益在 0.6 万元左右。如今安育林的葡萄基地面积不断扩大，从最初的 100 多亩扩大到现在的 286 亩。他先后引进了夏黑、金手指、藤稔等多个新品种；基地硬件方面，增添了自动灌溉系统、大棚等设施；技术改良方面，从原来的露天栽培不套袋，到如今的设施栽培、套袋、环割等技术，都更加成熟。

四、不忘乡亲，共同致富

安育林深知创业的艰辛，更知道还有许多父老乡亲需要他的帮助。几年来，他先后接待周边群众 500 多人次参观学习，带动农户 60 户，帮助 35 人创业，带动铁山镇推广葡萄高效种植模式 2 200 亩以上，新增经济效益 500 多万元。同时还引进新品种时亲身试种，成功后才向周边推广。他还充分利用他的新型职业农民培育工程孵化基地，在每个生产技术关键环节组织种植户交流学习，共同提高，赢得了当地群众的广泛赞誉（图 5-13）。

图 5-13　农民典型人物——安育林

种植柠檬　创收增益

——潼南区新型职业农民　陈果

陈果，男，潼南区小渡镇街村居民，是当地远近闻名的柠檬种植大户。

一、下岗创业自强自立

1997 年陈果大学毕业后分配到潼南古溪粮站上班，2 年后下岗待业。当时前途迷茫，但他没有气馁，回到家乡，办过加工厂、做过小生意、外出打个工。2010 年在朋友的引荐下在小渡镇代场村种植柠檬 600 多亩，成立了重庆市果灏农业开发有限公司。通过外出学技术，聘请专家到场指导，陈果自己逐渐摸索出了适合本地柠檬的独有种植技术。3 年后柠檬开始挂果，当年纯收入达 120 万元。

图 5-14　农民典型人物——陈果

二、满怀信心扩大规模

陈果"一个人富不算富，带动周边的农户都走上富裕的道路才是我的目标"，此后他便逐年扩大规模。到 2013 年底，陈果的柠檬种植面积已经扩大到了 1 000 亩，又建成了一个年出栏 2 400 多头生猪的养猪场，柠檬的肥料全部来至于猪场的有机肥。近几年各项收入大幅度增加，公司被评为区级龙头企业，带动周边农户每户家庭每年增收 3 万元。

三、多面发展，成就未来

随着规模扩大，技术到位，每年陈果的总收入达到了 240 万元，通过多渠道拓展，2017 年在小渡青云、潼南卧佛又发展了水果种植 200 多亩、核桃 500 多亩。2018 年为了符合市场发展的需要，准备投资 300 万元建成柠檬冻库（图 5-14）。

科学种葡萄　经济效益高

——巴南区新型职业农民　黄波

黄波，巴南区安澜镇坝上村人，他从重庆渝州大学毕业后，在重庆宗申集团从事部门管理工作，月薪近1万元。当他回家看到乡村贫穷落后的面貌时，“回乡创业，带动乡亲致富”的想法油然而生。

一、回乡创业，振兴乡村

改变家乡是创业的内生动力。2005年，黄波毅然辞去稳定的高收入回到偏僻的农村创业开办养猪场。2010年，他创建了巴南区乐杜苗木种植场，建规范化大棚葡萄园100多亩，引进种植醉金香、阳光玫瑰等10多个优良品种，取得当年定植，次年投产，亩收入15 000多元的高效益，他成为了远近闻名的葡萄种植科技示范户。

二、刻苦学习，自学成才

俗话说：“隔行如隔山。”要实现从养猪到种植葡萄的跨越，自学是基础，还先后多次参加市、区新型职业农民培训，提高了他农业综合经营能力。一是培育良种葡萄获奖。他引进种植的“醉金香葡萄”，荣获2014年重庆市园艺学会优秀参展园艺产品，通过国家“无公害农产品”认证、注册“仁流香葡萄”品牌；二是获得国家专利。他试验成功“葡萄树的套盆高位移栽方法”，申报了国家知识产权发明专利；三是创新草莓种植模式。他利用葡萄园空间，采取搭建支架、种植草莓，成功探索出观赏性强、采摘方便、优质丰产的草莓立体种植新模式；四是创建市级农民田间学校。近年来，黄波创建了优质葡萄农民田间学校，作为高级农民技师和新职农老师，先后在当地培训种植农户750多人次，还应聘彭水、武隆作技术顾问，指导发展良种葡萄2 000多亩。

三、不忘初心牢记使命

黄波，返乡创业10年来，将创建的种植场经营得有声有色。种植的良种葡萄、草莓等，年均实现利润40多万元，解决周边20多人就业，还带动当地发展良种葡萄1 800多亩（图5-15）。

图5-15　大棚又满读书声——黄波在农民田间学校基地培训农民

一个新型职业农民的使命

——九龙坡区新型职业农民　李远游

来到九龙坡区陶家镇治安村，当你提及李远游，无人不向你竖起大拇指，为他是当地远近闻名的花椒种植能手，全国农业劳模而自豪。

一、引领技术，无私传授

8 年前，李远游承包下 30 多亩地，种植青花椒 2 500 株。几年下来他的花椒历经“量高质不佳、降价滞销、量多价不高”等“风雨”，骨感的现实促使他必须突破。2007 年，在考察学习中，他第 1 次看到花椒树重剪技术的运用和效果，暗下决心学习花椒重剪技术和方法。

功夫不负有心人，2012 年，李远游在陶家椒农中基本普及了花椒重剪技术，自己也成了远近闻名的“花椒大户”。为此，他还成为了田间学校农技课讲师，实现了陶家镇主打的“九叶青”花椒种植新技术全村共享。渐渐地，李远游的技术扩散到了邻近的石板镇、白市驿镇和铜罐驿镇。2017 年，他带着花椒种苗和种植技术远输湖北省钟祥市冷水镇。

二、联合发展，发家致富

2017 年，李远游家 2 500 多株花椒树，花椒收成近 3 万斤，光花椒种植就赚了 20 多万元。带动 300 多户椒农，实现人均花椒收入 25 000 多元。治安村的椒农们，花椒收入均在数万元以上。他间接带动了全镇种植花椒的风潮，促成了治安村和坚强村两个花椒种植基地的诞生。

三、表现突出，屡获殊荣

2011 年，李远游被陶家镇党委评为“百佳文明户”；2012—2013 年被陶家镇党委评为“劳动致富标兵”，2015 年被区农委评为“农民助理技师”，2016 年被区总工会评为“金牌职工”“区五一劳动奖章”，2016 年持证新型职业农民，是合作社里花椒种植方面的“土专家”。最近被评为全国农业劳动模范（图 5-16）。

图 5-16　又是花椒丰收年——花椒土专家李远游在收获花椒

驭封农业葡萄丰 大度扶贫先扶智

——奉节县新型职业农民 刘修燕

刘修燕，一个善于学习，敢于创业，勇于创新的人，她领办的驭封农业以种植葡萄为引领，以组织销售柑橘为民解困，成为带动农民产业脱贫致富的典型。

一、葡萄熟了，第一时间献老人

驭封农业在黑岩村种植葡萄是从 2015 年起步的，由于对葡萄的特性还不了解，本该 2016 年就会挂果，等到 2017 年夏天才产出几百斤葡萄。为此，刘修燕参加了新型职业农民培训，补上了技术短板，由于管理到位，日照充足，她的葡萄品相和口味特别好，村民尝了觉得特别甜，口口相传，连奉节电视台记者和奉节生活网工作人员也闻讯赶来，刘修燕的葡萄受到多方关注，眼看种出来的葡萄就要见钱了，这可是近两年的劳动成果啊，怎么着也卖个两三万元吧，刘修燕思量着。可面对一天天过来观看的村民，尤其是留守老人，刘修燕做了一个决定，统计了村里的留守老人名单，把今年产出的葡萄全部送给留守老人们。

二、科技种田，初中生也能获专利

“面对鸟雀、蜜蜂对成熟了的葡萄的侵袭，我们束手无策，”这时刘修燕又想到了一招，为葡萄套袋，葡萄袋子全部用布料做，这样不仅防止了虫鸟、蜜蜂，还节约了成本，更可贵的是，面对日益提高的环保意识，布袋子可以循环使用，节约纸张，真可谓一举多得，在农委领导的指导下她还申请了专利；同时在淘宝开店网络销售多余的袋子，既解决村里富余劳动力就业问题，同时这一技术又得到推广。

三、想出绝招，汽车带动脐橙滞销

2017 年脐橙行情不太稳定，导致家乡脐橙滞销，刘修燕点子多，她利用弟弟在长安公司的人脉，帮助家乡人卖脐橙，为了竞争，想出了脐橙换汽车的妙招，脐橙可以作为元旦福利发给公司员工，换回的汽车可以为葡萄基地运送物资，还为乡亲们拉脐橙以及脐橙的肥料等物资，能人刘修燕得到了村里的一致好评（图 5-17）。

图 5-17 驭封农业——刘修燕在她的葡萄基地劳动

产业化创业致富的带头人

——黔江区新型职业农民　龚明翠

龚明翠——黔江区创业致富带头人。她创建的明浩生态农业有限公司，已经从简单的果蔬种植发展到生态农业旅游观光、农业技术研发。她用自己的汗水和努力，撑起了黔江区果蔬种植新天地。

一、务工成就创业梦

龚明翠的创业是从青桅李和蔬菜种植开始，2014年冬，当时是佳惠超市总管的她只身来到新华，开始在新华乡梨子村3组租赁土地试种植100亩青桅李，由于她敢于吃苦，成功与江西华安食品厂进行合作，2014年产值达到10多万元。初创成功成就了拓展产业的梦想。

二、成功助推产业链

技术是创业成功的基础。为此，龚明翠参加了新型职业农民培训，学习让她眼界洞开，她决定做好农业产业链，将主打种植菜品定为辣椒、榨菜以及蔬菜的初加工。

她还特地从外地引进先进的种植模式和生产设施，为投入蔬菜第二产业开发做准备。当年，公司扩大种植628亩青菜头，产量达到1 319吨，产值119万元。带动农户86户，为农民增收100多万元。

2017年，她成为“重庆市现代青年农场主”。她创建的明浩生态农业有限公司与定点帮扶金溪镇的涪陵辣妹子集团成功签单，实行订单种植销售。同时公司在金溪镇望岭村建设青菜头初加工厂。公司现已与农户签约种植3 000多亩。预期产值7 000多万元。

三、发展才是硬道理

龚明翠深信“公司＋合作社＋基地＋农户”的发展模式，是农村致富奔小康的康庄大道。公司计划在黔江区新建榨菜初加工生产线，在全区发展青菜头种植。预计全年可实现利润60万元，带动至少3 000亩青菜头产业的发展，实现青菜头销售收入630多万元，推动黔江区青菜头种植产业化发展，使其成为农民增收的一大产业（图5-18）。

图5-18　榨菜青青——龚明翠在她的蔬菜基地培训农户

产业化经营　撑起梁平柚一片天

——梁平区新型职业农民　张文辉

梁平柚是梁平的一张名片，张文辉是梁平柚子行业的一位“名人”。梁平柚成就了张文辉的事业，张文辉推动了梁平柚的发展，让特色产业助农增收。他用十多年时间，复兴了一个拥有200年历史的古老产业，为梁平柚农撑起了一片天。

一、爱柚一生，合作推进

张文辉，重庆市梁平县合兴镇龙滩村4组村民，他牵头的龙滩柚子专业合作社。已登记注册入股社员124户，社员出资总额为194.175万元，带动1 000多户农民种柚增收。他现任重庆市党代表、梁平县政协委员、梁平县龙滩柚子股份合作社理事长、中共梁平县龙滩柚子支部委员会支部书记。

二、专业生产，标准管理

张文辉在龙滩村成立“梁平柚合作联社党员产业示范园”，一是把30多名党员技术能手组织起来，为困难群众作技术指导。二是为柚农免费提供肥料、种苗等支持。三是指导柚农开展柚树专业化种植。四是组织开展柚园柚树去劣去杂，五是建标准化无公害生态观光梁平柚园3 500亩，年产果5 000多吨，产值2 000万元，年带动社员增收500多万元。六是通过“公司 + 合作社 + 基地 + 农户”模式运行，积极推广梁平柚标准化生产技术，大力开展科普宣传、技术培训、咨询活动，引进选优单株优质品种改造低劣质柚树，大力发展生

图5-19　柚人产业——张文辉在他的柚子基地观察柚子长势

图 5-20　张文辉给柚子喷药

态循环示范园，全面提高了柚农的柚子产量和质量。

三、打造品牌，培育精品

2004 年他带头成立重庆市梁平柚开发有限公司，2010 年注册“双桂”牌梁平柚商标。双桂”牌梁平龙滩柚荣获历届全国柚类“金杯奖”、中国果品流通协会授予“中国优质梁平柚基地”称号，农业部授予“无公害农产品”，获得“重庆市名牌农产品”称号、“重庆市十大旅游商品”等称号。他自己也被农业部评为全国“十佳科技之星”，被科技部评为“致富带头人”、被评为“重庆市十佳青年农民”“重庆市劳动模范”“重庆市优秀共产党员”（图 5-19、图 5-20）。

专家点评

张文辉，重庆梁平柚子行业的“名人”，就像梁平柚是梁平的一张名片一样。他十年一日地坚守，立志复兴拥有 200 年历史的古老产业——梁平柚产业。他牵头成立了龙滩柚子专业合作社，推广梁平柚标准化生产技术，引进选优单株优质品种，发展柚子生态循环示范园。同时，还为梁平柚无公害农产品、重庆市名牌农产品品牌创建不遗余力，推动了梁平柚的创新发展，让特色产业助农增收。从张文辉身上我们可以分享以下精神和经验。

一、心系村民，柚情坚守

张文辉明白，凭借着自己一身之力，要复兴梁平柚这一古老产业，谈何容易。为此，他首先从创建柚子专业合作社入手，把分散的村民组织起来，把自已的梦想与使命捆绑在村民种柚增收致富的追求上实现了双赢。

二、示范引领，党员先锋

张文辉充分发挥他村干部的优势，牵头成立了“梁平柚合作联社党员产业示范园”，把 30 多名党员技术能手组织起来，成为技术指导的核心队伍。

三、专业种植，规范管理

张文辉通过专业合作社平台，对柚树实施专业化种植，统一生产标准，实施统防统治，规范化管理，建标准化无公害生态观光梁平柚园。

四、创新模式，创造品牌

在复兴梁平柚的路上，怎样才能让脚下的路走得更远。张文辉创新了“公司＋合作社＋基地＋农户”的运行模式，做科普、搞培训、请专家、培优品、抓生态、推品牌……，全面提升了梁平柚的产量和质量。一个拥有 200 年历史的古老产业——梁平柚产业在张文辉的拼搏下，实现了奇迹般的复兴。

陈正华
点评人

种植绿色葡萄　奉献放心水果

——綦江区新型职业农民　李远孝

一份耕耘，一份收获。李远孝的农业创业梦想是从转行开始的，通过他的刻苦学习，潜心实践，总结提升，无私传播，实现了他从一名个体医生向葡萄种植土专家的转变。

一、因为热爱，弃医从农

李远孝于 1996 年毕业于綦江医科学校，毕业后一直从事个体行医生向医职业。生于农村，长在农村的李远孝，在经常下村为农民看病过程中，看见老百姓辛辛苦苦面朝黄土背朝天一年到头种出来的农产品产量低，品质较差，卖不上好价格，投入与收入严重失调。李远孝急在心里，决定弃医从农。

二、半路出家，补齐短板

2003 年，李远孝关掉了个体诊断门店，走上了学习技术、种植创业道路，他先后到浙江农科所原葡萄协会会长杨志元老师处学习葡萄数字省力化栽培、避雨健康栽培、葡萄三减半栽培（用药、用肥、栽培密度减半）等技术，然后又到山东果树研究所拜徐名举老师为师，学习桃树丫型整枝和主杆型整枝技术等，回到家乡后带动綦江双双葡萄园技改 50 亩葡萄地，把露地葡萄改为避雨栽培，技改后双双葡萄每亩就节约用肥、用药 300 多元，并每亩增产增收 5 000 多元。

三、建好基地，创新发展

新技术的应用要从示范做起。李远孝决定自己建基地，起到带头作用。2012 年 10 月，他在古南街道金桥村，带动 15 户农民以土地入股的形式，成立了綦江区李远孝葡萄股份合作社。李远孝用所学到的知识，全部按现代农业的栽培合理模式建园管理，2014 年李远孝的果园大量投产，当年净收入 50 多万元，分红让未入股的农民纷纷加入，2015 年基地扩大了种植面积，种上了桃子、李子。成功总与坚持同行，2014 年李远孝通过綦江区农委培训学习获得了新型职业农民证书。有了证书和实干，真正成为懂技术、善经营、懂管理、爱农业的新型职业农民（图 5-21）

图 5-21　绿色葡萄——李远孝在葡萄种植基地培训农户

土专家成就了农场主

——南川区新型职业农民　王明洪

王明洪是重庆市南川区双博水果专业合作社理事长，南川区蓝博源家庭农场负责人。他于2013年7月组建的蓝博源家庭农场是南川区第一家注册成立的家庭农场，被农业部挂牌“农业部山地果园种养殖模式研究科技项目示范基地”。他2015年参加新型职业农民培训，是南川区十佳返乡创业明星；南川区十大优秀青年；2016年全国十佳农民；聘为农业部农村实用人才培训教师。

一、外出务工，蓄势待发

1995年高中毕业后，未能继续升学的王明洪前往福建打工。因缺少高学历和技能，他选择了贩卖水果，2年后，因母亲生病便回家尽孝，在家陪伴近1年时间又才返回福建，进鞋厂当了1名学徒。后因勤奋好学，深受老板器重，拥有多个企业的老板，便将鞋厂的生产过程以较低的价格承包给王明洪，几年时间就让他有了几十万元存款。

二、返乡创业，兴办农场

2004年，事业有成的王明洪，想到日益年老的母亲，毅然回家乡发展。他的梦想是依托家乡良好的生态优势发展种养殖业，带动当地农民增收致富，成为一名土专家、田秀才。为了实现创业梦想，他先后成立了水果专业合作社和家庭农场。他的经营思路是：集中土地，发展适度规模经营；种养结合，打造立体农业；升级硬件，发展乡村旅游；辐射带动，培育更

图5–22　创业有梦——王明洪在他的种植、养殖基地劳动

图 5-23　王明洪一丝不苟地工作

多家庭农场。

三、多业并举，致富一方

几年来，他流转了 450 亩荒山、土地，种植水果和蔬菜，挖掘池塘 50 亩养殖生态鱼，养殖土鸡 1 000 多只、鸭 5 000 多只，繁育母猪 50 头，年出栏生猪 1 000 头。常年雇工 5 人，每年季节性雇工 100 多人，带动周边农户户平均务工收入 4 000 元。他用自已的经验和能力，指导周边农户创办家庭农场，已培育出 50 亩以上规模种植农户 4 户。成功后的王明洪，更是以高度的社会责任感，积极思考和带头推进整村成建制的全面小康建设（图 5-22、图 5-23）。

专家点评

王明洪是创业型新型职业农民的典范，他从一名返乡农民工，实现从土专家向家庭农场主的华丽转身，用自已的成功思维和创业案例，其家庭农场被农业部挂牌“农业部山地果园种养殖模式研究科技项目示范基地”，他受聘为农业部农村实用人才培训师；并一鼓作气，摘下“2016 年全国十佳农民”桂冠，我们从王明洪的人生轨迹中可以归纳出以下几点经验。

一、务工为创业，蓄势待起之

王明洪高中毕业后，也曾像成千上万的有志农村青年一样逐浪过南下北上的打工潮，他卖过水果，当过学徒。由于他勤奋好学，技术过硬，有管理能力，通过承包几家鞋厂让他收获了人生中的“第一桶金”。然而，在王明洪的骨子里，对家乡和老母的牵挂与日俱增，为了尽孝、事业两不误他毅然决定返乡创业。

二、产业做示范，成就土专家

当今中国农村正面临着巨大的改革浪潮，万众农民走上了创业创新之路，这是时代的呼唤、也是新型职业农民伟大的壮举。通过市场调查，王明洪把主导产业定位在依托家乡良好的生态优势发展种养殖业。他专研养殖技术、学习管理知识、吸取同行经验，动手反复实践，几年下来，王明洪硬生生被逼成了土专家。

三、敢走第一步，与民共致富

王明洪还是一个敢吃螃蟹的人。为了实现创业梦想，他成为南川区第一家注册成立家庭农场的人，还先后成立了水果专业合作社。他的经营思路是：集中土地，发展适度规模经营；种养结合，打造立体农业；升级硬件，发展乡村旅游；辐射带动，培育更多家庭农场。

在这“大众创业，万众创新”的新时代。王明洪用他的经验和能力，指导周边农户创办家庭农场 4 户。创业成功后的王明洪，更是以高度的社会责任感，言传身教，积极思考，带头推进整村成建制的全面小康建设。

陈正华
点评人

十年磨一剑　荒山变金山

——丰都县新型职业农民　秦春梅

金秋时节，梨果飘香。丰都县兴义镇双桂场村新型职业农民秦春梅的黄金梨成熟了。

一、创业，一波三折

2003年，秦春梅便随丈夫一道来到了这荒无人烟的大半山，承包了生产队里100亩荒弃的茶园，在发展山羊的同时，种了100亩青蒿，由于市场行情变化，一斤青蒿都没卖出去，初次创业便以失败告终；2005年开始转向筹建梨子果园，但是由于不懂技术又几经波折，主要是授粉树的品种、搭配的比例不当，造成开花不结果或结实性不好，加上对黑星病等主要病害控制乏力，果园曾一度陷入困境，直到2010年他们派人前往西农参加果树栽培管理技术培训后对果园进行了彻底改造，果园的发展才开始步入了正轨，到2013年才正式投产。

图5-25　梨果飘香——秦春梅在她的优质黄金梨种植基地劳动

二、生产，品质第一

从2016年开始实行套袋，并推行林下养鹅除草，经过2年的摸索，证实林下养鹅除草和幼果适时套袋，不仅减少了农药的用量，果子外观、内在品质都有了明显改善，套袋黄金梨一经上市便引起了一阵轰动。在农家梨园采摘鲜果，品尝甜美多汁的优质黄金梨。基地种植的黄金梨因果型适中，味甜多汁而深受消费者的青睐。除了水果商贩上门收购之外，果园还对外供游客采摘售卖，让更多的市民能够体验到乡间采摘的乐趣。丰都周报、丰都县电视台等新闻媒体也派出记者进行了采访报道，一时间“双桂场的黄金梨”便蜚声丰都，销往县外。2017年果园实现销售收入20万元。

图5-24　丰收的喜悦

三、理想，脚踏实地

参加新型职业农民培训后，秦春梅有了进一步把产业做大做强的冲动，她计划再流转100亩耕地，以现有果园为依托，建设“农旅结合的田园综合体”，通过增施硒肥生产“富硒水果”，通过搭建电商平台进一步扩大销售渠道，她的理想是：“让丰都黄金梨成为具有地理标志的知名品牌”（图5-24、图5-25）。

他乡创业再出发　初心不改释乡愁

——北碚区新型职业农民　龚小平

四川省苍溪县，有两张值得骄傲的名片：一是苍溪雪梨的发祥地，二是中华猕猴桃的故乡，这就是龚小平的家乡。

一、农家少年的苗木梦

龚小平出生于传统农家，小学文化的父母勤劳善良。他的成长，天然清纯。家家户户都种植果苗，这是他少年时最深刻的记忆。春秋时节，他背着自家的果苗到集市去卖，成为家里的主要经济收入。因为种植的规模小，只能养家糊口，但他异常热爱。初中毕业的他，没有了继续念书的兴趣，由此踏上了他的苗木生涯。

二、天道酬勤，巧于成功

他坚信：苗木就是自己的终身事业，也是自己的幸福人生。向书本学习、请教同行、摸索总结……，一道道生产技术难题被他的执着化解。十年磨一剑，他成长为一名果树苗木土专家。他生产出的苗木，质优价廉，供不应求。他建立了自己的苗圃，年产优质苗木 30 万株，年收入 50 万元。他无偿培训乡亲技术，联产联销，经济收入实现了跨越式增长。

三、他乡创业再出发

2013 年，他担任了重庆市 3 个县果树种植技术指导。工作期间，他对北碚区西山坪村的优越地理条件产生了浓厚的兴趣，激发了他 2 次创业的梦想。2014 年，他成立了重庆平耀果蔬种植股份合作社，在北碚区西山坪建立红心猕猴桃基地 160 亩。如今，生产出的红心猕猴桃注册了“果之美”商标，并通过绿色食品标志认证。

龚小平已完全融入了异乡。他先后扶持当地农户 5 户建立果园，捐献优质苗木近 5 万株。乡村公路修建捐款、慰问贫困户、看望留守儿童……，他既是参与者又是组织者。成长中的艰辛塑造出他别样性格——热情奔放，有温度的情感人（图 5-26）。

图 5-26　龚小平在教果农修枝整形和交流

天道酬勤　山区农旅融合的探索者

——璧山区新型职业农民　杨荣

杨荣是福禄镇斑竹村的村主任，2017 年新型职业农民，她带领村民们从事沃柑大规模种植，成立了农产品专业合作社。她学以致用，整村推进，取得了较为显著的成效。

一、基地示范引导，推动当地农业结构转调

传统农业种植模式导致农业创新能力不强，信息化程度低，土地收益差，农民种植积极性不高，制约了当地农业的大发展。近几年，斑竹村农民合作社率先在家乡栽植沃柑，经过精心培育，科学管理，沃柑长势理想，加之近年来沃柑价格一路上涨，在合作社的带动下，斑竹村几年内就发展成了沃柑基地，村民们实现增收。

二、扩大经营渠道，提高社员风险抵御能力

有经营才有收益，扩大营销渠道，就是降低生产风险。为此，杨荣带领社员积极创新创优产品品牌。同时，合作社多次组团参加大型产品展销活动，使合作社产品畅销各大城市，还建立了较为广阔的销售网络。不仅减少了合作社运营成本，还降低了合作社的市场风险，同时促进了合作社的规模发展，在更大范围、更广领域内实现了劳动力、土地、资金和技术等生产要素的优化配置。

三、注重利益联结，增强社员农业发展信心

如何实现山区农业华丽转身，杨荣首先是转变农民的传统思想，将经济效益与社会效益捆绑嫁接到农民身上。合作社“统一供应农资、统一技术培训、统一标准化生产、统一品牌和包装、统一保护价收购”五统一服务联结社员。不仅保证了农户生产资料的及时供应，而且质量可靠，为成员成功种植提供了物质保障。

关于未来发展，杨荣依托基地优势，以电子商务为切入点，构建旅游板块，发掘农家乐、采摘园等新的经济增长点，延长产业链条，提高产品附加值，引导种植业向规模化、标准化、品牌化发展（图 5-27）。

图 5-27　硕果累累——杨荣在她的种植基地培训农户

做职业农民　衷心不改

——长寿区新型职业农民　李小平

中国梦是推进中国农业发展的无穷力量，追求梦想，勇于创新，敢于担当，是新型职业农民的时代特征和历史使命。李小平——体验式家庭农场农场主，就是他们中的典型代表。

一、不忘初心创业梦

李小平，长寿区石堰镇高庙村三组人，2012 年毕业于重庆理工大学汽车服务工程专业，本科学历。毕业后先后就职于两家世界 500 强公司。偶然的机会，他了解到重庆新风系统市场正处于起步阶段，经历过考察，他果断选择和朋友成立了自己的新风系统公司。一切顺风顺水，事业蒸蒸日上的时候，耳畔总有一个声音在呼唤他回家乡。2016 年他再也按耐不住内心的向往，毅然踏上返乡创业的道路。不忘初心创业梦。在 216 年年底他就流转土地 102 亩，并对其中 70 多亩柑橘树进行高接换种，新引进种植 30 多亩沙田柚。

二、扩大规模建农场

在发展农业生产过程中，他发现村里荒置田地较多，看着长满荒草的田地，他的内心再一次被触动，在资金及其紧张的情况下再一次流转土地 150 余亩。引入种植广西红薯、紫山药、早熟糯玉米等，并于 2017 年成功申请创办石堰镇破石岗村体验式家庭农场。通过探索柑橘林间短经作物种植技术，适度规模发展短经作物种植。产品除了供应传统客商外，还部分通过网络平台销售，取得了显著成效。

三、立足农村天地宽

有人问他，在重庆读完大学，出来当农民值吗？他给出的答案是：很值！年轻人，要有梦想，为梦想去付出，去打拼，以后能给自己个交待就行，富了也是取之有道，穷了也问心无愧。在未来，他计划建设集绿色种植、观光旅游于一体的生态观光农业园，利用现代管理方式和科学的种植方法，吸引更多父老乡亲来给自己打工，带动周边村民共同致富（图 5-28）。

图 5-28　硕果年丰——李小平在他的种植基地管理果树

提升品牌　助力乡村振兴

——江北区新型职业农民　李操

农民创业要有选择项目的准度。李操作为葡萄种植业主，重庆市第五届人代会农民人大代表。为市民搭建乡村休闲观光为主体的创业平台，走出了一条农旅融合，推进乡村振兴战略的发展道路。

一．抓住机遇，大力发展“一村一品”

2009 年 10 月，李操牵头成立了“重庆市江北区下湾水果农民专业合作社”，合作社集全体成员之力，经过整合资源，优化品种，提升品质，充分利用下湾村得天独厚的地理和产业优势，大力发展水果产业，形成了“一村一品”的主打项目，通过市、区、镇主流媒体的帮助宣传，为广大市民搭建乡村休闲观光、农事劳作体验、水果品尝采摘的乐趣平台，转变了销售模式，提高了销售利润，节约了大量的人力、物力和财力，2017 年，合作社 110 户成员年均收入是 2009 年的 2 倍以上，合作社成员的水果销售收入是芝麻开花节节高。

二．带头致富，种植葡萄初见成效

2011 年底，李操带头尝试种植了 10 多亩优质葡萄，通过新型职业农民的培训学习和种植技术的积累提升，葡萄种植效果显著，2013 年开始挂果，而且品质优良，获得广大消费者的好评与厚爱，销售价格达到 10~15 元 / 千克，葡萄成熟开园后，全部在树上由市民自采自摘销售一空，葡萄园自 2014 年达到丰产期，每亩年产量稳定在 600 千克左右，年产值达到 30 多万元，收到了较好的经济效益。

三．提升品牌，助力乡村振兴战略

2012 年，合作社注册了“下湾”商标，2013 年合作社的樱桃、枇杷、梨子、江安李、葡萄均通过农业部的“无公害”农产品认证。习总书记在党的十九大报告中提出了乡村振兴战略，下湾村必定成为江北区乡村振兴战略的主战场，李操说，合作社将围绕江北区“山水田园示范镇”总体规划的发展蓝，助力乡村振兴战略，为早日实现全面建成小康社会的中国梦做出应有的贡献（图 5-29）。

图 5-29　葡萄新梦——李操在他的优质葡萄种植基地培训农民

返乡创业　实现梦想

——云阳县新型职业农民　刘功成

众里寻他千百度，柑橘背后有商机。刘功成，凭着自己的学识和经验，果断扬起了柑橘种植、果园多功能系统建设及柑橘社会化服务的农业创业风帆。

图 5-30　农民典型人物——刘功成

一、硕士研究生毕业，毅然回乡创业

刘功成 2007 年研究生毕业以后，先后在深圳及上海从事标准检测实验室及设备开发工作，在以色列及荷兰工作期间，深入了解到他们的农业科技水平远远超过国内，于是就萌生了在中国推动农业现代化建设的念头。2013 年，放弃高薪，依然返乡创业。初期因为技术推广难度大，先后建立 2 万羽的特种珍禽养殖基地及流转 500 亩柑橘园，经过两年的发展，摸索出一条柑橘种植及管护技术，开发了山地果园的多功能系统，可以通过一条管道实现低压抗旱、滴灌，中压气动工具修枝、松土，高压喷布药品，大大节约果园管护成本，提高管护效率，为山区果园管护摸索出一套实用的管理技术。

二、付出终有回报，初尝柑橘甜头

经过 2 年的努力，500 亩柑橘基地喜获丰收，高品质的晚熟脐橙一树果买到 2.25 元 / 千克，团队实现年利润 150 万元。由于云阳拥有良好的柑橘产业环境，全县发展柑橘 30 万亩，其中晚熟柑橘 20 万亩，拥有全国为数不多的能够自然挂果到第 2 年 4—6 月份产区之一。于是，团队决定扩大规模。从 2016 年开始，成立柑橘种植公司，先后在云阳养鹿、双龙、高阳、长寿等地先后流转柑橘园 8 个，种植总面积达到 5 800 亩。

三、产业联合融合，促进提档升级

目前，因为云阳柑橘产业发展较晚，从业人员的技术水平及山区果园的管护难度大，造成大量果园管护不到位，农民没能得到实实在在的收益。于是刘功成及团队开始把柑橘管护工作送到老百姓的基地中去，成立了柑橘社会化服务队伍，提供修枝整形、技术服务；提供果园功能系统的建设服务，推动了山区果园管护技术水平的提高（图 5-30）。

做好乡土特品种大文章

——秀山县新型职业农民　田洪波

农民创业选择什么样的项目，如何选择好项目，是每一个创业者必须思考的问题。田洪波选择家乡土特品种白皮柚作为创业项目，成立专业合作社推进，让他成为了当地白皮柚种植带头人。

一、一份情怀一个梦

距2010年的春节还有一个星期的时间，田洪波带着妻儿踏上了回乡的旅途。家乡的橘子口感酸甜适中，而柚子皮薄肉厚清甜多汁非常好吃，这是白皮柚，村里很多人家都种，由于青壮年都外出务工，地里的柚子树已经挂果了，就是没人管理都抛荒了，他心想这么好吃的柚子就这样抛荒了太可惜，经过多方打听他才知道，政府为了扶持农民增收大力发展白皮柚种植，少的人家都种了几百根，种的多的有几千根。由于柚子苗种好后要3~4年才结果实，很多农民为了是生计还是选择了外出务工，勉强有人管理的也因为没有技术和经验产量质量都不高。他暗下决心一定要改变这一现状。

二、科学管理，带头实干

“大众创业、万众创新。”春节过后他没有急着外出而是选择留下创业。他走家串户了解柚子的种植情况，向他们讲述自己的看法想法，得到了老百姓的认可。他把荒废掉的柚子地流转起来，注册了田洪波家庭农场，带领乡亲种植管理柚子树，缺乏种植技术就向技术人员咨询学习，还把技术人员请到田间地头现场教学指导。经过两三年的学习与实践，柚子的质量和产量得到了明显改善，口碑也慢慢好了起来，来打听收购的人也越来越多。

三、探索产业发展模式

2017年，为了打响白皮柚这个品牌，他成立了秀山县古耕农业专业合作社，通过合作社+基地+农户的发展模式，有效的完善产品的品质、包装和销售问题。2018年，猫岩村被选为重庆市重点贫困村，全村继续以白皮柚为主导产业，扩大种植规模。实现了农户脱贫增收致富，充分体现了合作共赢的发展之路（图5-31）。

图5-31　柚情浓浓——田洪波在他的白皮柚种植基地检查树势

花椒种植大王

——荣昌区新型职业农民　游小军

游小军，男，荣昌区广顺街道办事处工农社区九社人。

一、以农民合作社为引领，助推荣昌花椒产业发展

2010 年 11 月，游小军创办“荣昌县荣富花椒股份合作社”，入社成员由成立初期的 7 户通过合作社示范带动增加到 502 户，种植基地由当初的 450 多亩增加到 10 000 亩，目前，合作社现有技术和管理人员 50 多人，有完善的办公场所和生产加工厂房，拥有先进齐全的加工生产等设施设备。进入丰产期后将实现产值 4 200 多万元。初步形成了种植、加工、销售为一体的产业模式，实现了规模经营、共享了资源、优化了服务和质量，引领了荣昌花椒产业的发展，对提升荣昌农业产业化水平起到了积极的示范带动作用。

图 5-32　农民典型人物——游小军

二、以种植基地为辐射，带动群众致富增收

游小军通过农民土地入股、合作社承包经营等方式将农民的闲置地、撂荒地充分利用起来。同时，为了促进荣昌花椒产业的发展，促进群众增加收入，游小军又从扩大种植面的入手，以提供种苗、免费技术指导和帮助销售等方式带动荣昌铜鼓等 8 个镇街种植优良品种“九叶青花椒”10 000 多亩，既扩大了种植规模，又增加了农民收入，具保守的估计，农民将成功增加收入 1 000 多万元。为当地农业发展注入了新的活力，为农民朋友的脱贫奔小康寻找到了可靠的支撑点。

三、以推广新技术为措施，提高农民综合素质

通过参加新型职业农民的学习培训，结合多年的农业生产一线的实践，使游小军认识到，要促进花椒产业的发展壮大，只有走新产品和新技术推广这条路，游小军立首先从推广优质品种“九叶青花椒”入手，用新的优质品种置换落后的老品种，与此同时，为了实现品种多元化发展的战略目标，游小军又筹资培育引进“荣昌无刺花椒”这一全新品种，实种面积达 2 000 多亩。在种植技术上，游小军从造林典型设计、栽植方式、灌溉系统、幼树管护、种苗组织、施工组织 7 个方面，全面推行科学化、标准化生产管理，并在荣昌 8 个镇街 15 个种植基地全面推广。将其亩产从 100 千克提高到 400 千克，每亩产值增加了 4 000 元，受到群众的一致好评，也为下一步荣昌花椒产业的转型升级打下坚实的基础（图 5-32）。

绽放最美青春

——万盛区新型职业农民　徐永强

徐永强，男，30 岁，汉族，中共党员，大学文化，新型职业农民。

一、回归家乡萌发创业灵感

徐永强是土生土长的万盛人，2010 年大学毕业后，放弃了在重庆一份不错的工作，毅然辞职，回到家乡万盛经开区。黑山镇的地理生态环境非常适宜猕猴桃的生长，而且品质佳、销路好。

徐永强便开始做起了猕猴桃种植，通过他的努力获得了“泛海扬帆——重庆大学生创业行动”4 万元的创业资助。并将资助款在黑山谷接待中心租了门市，这里游客朋友非常多，基本都是目标客户，就这样，他尝到了创业的甜头。

二、带动村民共同致富

徐永强在建设猕猴桃基地的同时，还组织工人去外地学习相关的专业技术。现基地面积有 280 亩，其中新开发“红星果”猕猴桃 40 亩，川猕二号 240 亩。在他的带动下，很多年轻人都回乡开始创业，现带动了 200 多户农户种植猕猴桃，成功打造了北门村家园片区和河沟片区两个猕猴桃种植示范园。

除了继续带领村民发展猕猴桃种植外，他还大力推动方竹笋、蜂蜜等发展。目前，北门村的方竹笋种植规模达 3 000 多亩，蜜蜂养殖户 18 户，养殖蜜蜂 1 000 多箱，逐渐形成了具有浓郁地方特色的农业主导产业。

2016 年的村委会换届选举，徐永强得到了组织和群众的信任，以 98.73% 支持率，高票当选为北门村村主任，在 2017 年被重庆市委评为市级劳动模范（图 5-33）。

图 5-33　农民典型人物——徐永强

善经营的新职农

——渝北区新型职业农民　阙兴国

阙兴国，男，1971 年生，汉族人。现任重庆市渝北区古路镇乌牛村总支书，乌牛农业股份合作社理事长。

一、心系乡亲，返乡创业

阙兴国在外经商多年，但经济丰厚的他牵挂着家乡的父老乡亲。于是 2003 年回村当上了村干部，打定主意要带领家乡群众共同致富。针对该村“山多、撂荒地多，空巢老人和留守儿童多，耕地少，劳动力少，农业收入少的三多三少”村情实际，经请教区农委专家调查研究、反复论证，选定“仙桃李”作为主导产业。自筹资金成立了合作社，农户以土地入股配股 50%，每年提取净利润 50% 按亩分红给农户。

二、善于经营，天道酬勤

阙兴国热爱学习，多次参加市区各类培训，特别是新职农培训，帮他打开了视野，引入了先进的理念，他认为新型农民需要现代的经营理念和知识来武装。按照“组织引领、群众参与、大众筹资、网络惠民、利益共享”20 字方针，他带领合作社以统一管理，统一包装，统一销售的“三统一”的模式，经过三年精心管护，在 2017 年喜获丰收，单个果子达到半斤，2017 年销售收入 150 万元左右，纯利润 100 万元左右，让农民群众初尝到了甜头。目前，村里的建卡贫困户，五保户、1% 低收入家庭，残疾人困难户，均已加入合作社，合作社 2018 年预计将实现 1 亩仙桃李纯收入在 2 万元左右，入股农民可分红 1 万元 / 亩，农民脱贫指日可待，因此，乌牛村也成了远近闻名的集体经济发展试点村，先后接受全国人大、中组部领导的视察和邻近区县学习借鉴的样板。

图 5-34　农民典型人物——阙兴国

三、共享春风，共创未来

在党的十九大把土地承包期再延长 30 年的大好政策下，阙兴国将带领全村以李产业为基础，充分发挥该村的地理优势，重点发展乡村旅游。与“中国四海兄弟（香港）控股集团甘太家产业集群”合作建设重庆最大的猫狗主题乐园。让赏花、采果、垂钓、聚会等趣味体验活动贯穿一年四季，让来到乌牛村的朋友，留得住身心，记得住“乡愁”（图 5-34）。

弃工从农 “橘红”黄陵城

——开州区新型职业农民 刘燕

刘燕，女，现年 37 岁，大学学历，开州人，新型职业农民，农民高级技师。

一、南下：融入“打工族”浪潮

1999 年，刘燕怀着“人活着就要闯”的一腔激情和勇气，顾不得父母的再三劝阻，不辞而别南下广东打工，靠自己有文凭又能吃苦爱学习的优势，很快就做了企业主管，3 年打工挣了 20 多万元，在那个时候，成为当地“打工族”的佼佼者。

二、返乡：争做职业农民

刘燕生长在农村，对农业有深厚的情谊和执着的追求。2012 年，放弃在广东有体面又有高薪收入的工作回到家乡，她不顾各方劝说，硬把打工挣来的 20 多万元入股到开县金满甜股份种植合作社。“一根筋”要与“农”结下不解之缘，做一个真正的新型职业农民。此后，参加了重庆市农广校组织的果树产业新型职业农民的培训，农业部组织的农村实用人才带头人培训班的培训，学到了果树栽培技术和经营管理知识。

三、决心：把农业做成体面的职业

刘燕的开县金满甜股份种植合作社老地名叫“黄陵城”，她在合作社主要负责 1 000 多亩晚熟柑橘（W · 默科特）技术、管理工作。近年来，刘燕主张并推行统一品种、统一生产物资供应、统一技术指导、统一品牌打造、统一生产标准、统一销售的“六统一”模式，全部实行测土配方施肥、绿色防控、柑橘树体覆膜等技术，配合西南大学柑研所、三峡农科院，开展果——薯种植模式试点，建立柑薯新品种展示片 18 个，实现果、薯“双丰收”，2016 年重庆市柑薯产业发展技术培训与品种观摩会在基地召开。（W · 默科特）先后获得无公害农产品认证、柑橘鲜果出口获得俄罗斯出入境证书。如今，柑橘全部投产，每当柑橘成熟时，市内、市外地客商纷纷抢定抢购，每年可采收柑橘 150 万千克，收入 900 多万元，合作社先后获得区级示范社、国家级示范社（图 5-35）。

图 5-35 农民典型人物——刘燕

学以致用　回报果农

——合川区新型职业农民　张凯

张凯，男，46 岁，初中文化，合川区古楼镇骑人。

一、认真学习，提高种植水平

他虽然只有初中文化，但他特别爱学习。一是学习枇杷种植技术的各种书籍，学习区农委和镇农业服务中心印发的枇杷种植技术资料；二是积极参加区农委组织的新型职业农民培训和市农委组织的青年农场主培训，在这些培训中，他不但学到了一定的理论知识，拓宽了视野，更重要的是掌握了生产技术要点；三是不断向专家请教。近年来，他经常请西南大学博士生导师梁国鲁、硕士生导师郭启高教授到枇杷园现场指导，通过学习，掌握枇杷生产技术。

图 5-36　农民典型人物——张凯

二、学以致用，解决枇杷生产中的技术瓶颈

合川区古楼镇现种植枇杷 3 万亩，居全国集中种植第 4 位，也是“中国枇杷之乡”，但枇杷属小水果，专门研究枇杷栽培的专家，相对较少，枇杷栽培的相关书籍也较少，为此，他在实践中探索，攻克种植技术难题，终于摸索出一套适合当地枇杷栽培的技术，他率先试验成功后，现已推广 200 多亩，效果很好，预计 2018 年底种植 3 000 多亩。

三、不留私心，发挥传帮作用

他虽然在枇杷生产探索上取得了一些成功，但他不存私心，只要有人向他咨询枇杷生产技术，都一一解答。他还以农民田间学校和科技孵化基地为平台，给来学习枇杷生产技术的果农无偿传授技术，把他多年总结的枇杷生产技术做成路线图和生产要点挂在墙上，供大家参考学习，这就是一个地道的农民——张凯（图 5-36）。

水果种植西施

——垫江县新型职业农民　邓小花

邓小花、女、37 岁、高中、中共党员、垫江县新民镇大通村人。

从最初流转土地 30 来亩起步到驰名一方的种植业龙头；从一个地道的农民到科技致富能手，她就返乡务农的邓小花。

一、创业之初，饱尝艰辛

2007 年，在外漂泊打工近 10 年的邓小花回到垫江，在太平镇流转土地 32 亩，重新当起了农民，架大棚、种西瓜。初涉种植业，可以说是“两眼一抹黑”，辛苦大半年种出来的西瓜却鲜有问津，售价更是差强人意。辛勤的付出，换来这样的结果，夫妻俩相对无言，欲哭无泪。

二、总结教训、初见成效

面对眼前的挫折，邓小花没有放弃，第 2 年，夫妻俩倾尽打工近 10 年的积蓄，改建西瓜大棚、完善基础设施、聘请专家指导，优选品种，她用自己的行动和不懈努力，让大家刮目相看。她的西瓜，在 5 月上旬就开始上市，比别人提早了近 1 个月，能持续卖到国庆节，而且种出来的西瓜个头适中，汁甜瓤红，香脆可口，很受欢迎，供不应求。

三、再接再厉，做大做强

初获成功的邓小花，信心百倍，逐年扩大种植规模，瞄准了老家新民镇明月大坝的自然和地理条件，先后在几个村流转土地 1 176 亩种植大棚西瓜、葡萄和蔬菜。并注册了垫江县康汇蔬菜种植股份合作社，2012 年注册的重庆市鼎越现代农业发展有限公司，2013 年被评为县级龙头企业，2015 年被评为市级示范社。

如今的邓小花是垫江县第十六届、十七届人大代表，重

图 5–37　农民典型人物——邓小花

庆市妇联农村科技致富能手，重庆市妇联巾帼科技特派员，重庆市第五届劳动模范。垫江明月大坝的“水果种植西施”，现在的邓小花，事业有成，荣誉在身。但她依然把自己定位为一名垫江新时期的农民。邓小花有一个梦想，就是把明月大坝变成瓜果飘香的人间天堂，大家共同致富奔小康。而这个梦，越来越近（图5-37、图5-38）。

图 5-38　邓小花在看葡萄情况

专家点评

邓小花从一个普通的农村妇女成长为一个远近闻名的“水果种植西施”，她的创业经历可概括为“韧、灵、准、干、质、心”六个字。

一是不怕失败的“韧”字。

她打过工、站过柜台、尝到过初种西瓜的失败。但她不畏惧、不退缩，她选择了拼搏，选择了勇往直前。

二是捕捉商机的“灵”字。

她丈夫是外省人，有过种植西瓜的经历，结合她在农广校参加果树培训所学到的知识，果断决定种植西瓜。

三是选项定位的“准”字。

如何选择创业项目，选择什么样的项目，是每个创业者必须深思熟虑的问题，这就是市场有需求，产品有特色。

四是持之以恒的“干”字。

截至目前，她共计流转土地 1 176 亩，其中大棚葡萄 475 亩、大棚西瓜 701 亩，通过脚踏实地的干，现年产值逾 1 600 万元。

五是坚持品牌的“质”字。

打造品质和坚守品牌，是邓小花成功的一大法宝，她始终坚持以质量求生存，凭良心做经营的原则，做绿色产品。

六是共同致富的“心”字。

成功了，在她看来，除了自身努力、家人鼓励支持外，也少不了当地政府的关心帮扶及乡邻们的支持，她将用实际行动来回馈乡邻们，和他们一起致富奔小康。

王加
点评人

心系食品安全　勇做新型农民

——江津区新型职业农民　贺君丽

贺君丽，女，江津区夏坝镇大坪村人。

一、返乡创业，只为大家能吃上放心水果

在外地打工，毅然回乡，在大坪村承包了100多亩土地，生态种植卡拉红肉脐橙和东魁杨梅，从开始的一无所知，到现在也算一个地道的农技土专家，完全放弃化肥、农药、除草剂，一心只做生态农业，几年时间下来，把一个果园管理的有声有色，远近闻名。每到丰收的季节，慕名前来采摘的客人都对生态果子赞不绝口，市场销售也是前景一片大好，2017年就让农场销售额高出了预期的效益，总销售金额达到45万元。

图5-39　农民典型人物——贺君丽

二、辛勤耕耘，努力创建国家富硒、绿色食品

培训学习后，了解农产品必须要创建自己的品牌和打造生态农产品“三品一标”的建设对于农场发展的重要性，于2016年注册了“青山桥”的商标，根据农产品市场需要在2017年又注册了“太阳橙”商标，2016年农场水果通过了区级富硒农产品检测认证，2017年又通过了国家级富硒农产品检测认证，同年还通过了国家绿色食品检测认证，在重庆（江津）“富硒——让我们更健康”创建富硒产业大会上，农场的“太阳橙卡拉卡拉红肉脐橙”一举荣获十大富硒名品，让农场有了富硒农产品带来的巨大经济效益，从果园开园销售价格到接近尾声都保持在优质果10元/千克，特级果15元/千克的良好势头。这些都离不开培训学习和各级政府的大力支持。

三、多元经营，创造意想不到的互联销售渠道

农场尝试过各种销售方法，比如采摘、市场销售、网上销售等，她认为，目前比较有前景的就是依托电商平台，打造线上与线下优势互补，在网上可以定购农产品，还可以认种果树，让网上的客户可以“私人订制”属于自己的果树，线下参与管理，施肥、除草、采摘等，2017年已有客户认种预期目标果树50棵，极大地增添了农场活力（图5-39）。

石柱红辣全国

——石柱县新型职业农民　余家权

余家权，男，石柱县悦崃镇寺院村河凉组村民。

一、子承父业，临危受命挑重担

悦崃辣椒专业合作社是“中国辣椒之乡”——石柱县的第 2 大辣椒专业合作社，由父亲余跃兵创建于 2002 年，因父亲积劳成疾卧病在床，合作社经营的重担落到了作为儿子的余家权的肩上。接收后的余家权又遭遇辣椒滥市，第 1 次外出销售，三车就亏了 8.8 万元，直到 2008 年，销售仍未找到突破口，合作社当年就亏损 53 万元，打击和压力使余家权一度想要放弃辣椒行业。但在父亲的鼓励、县委县政府的重视和金融部门在支持下，余家权最终还是咬紧牙关坚持住了。2009 年石柱辣椒终于迎来发展的大转折，全国辣椒经历了大降价之后的回升，加上“石柱红”品牌日渐享誉全国，余家权的悦崃辣椒合作社扭亏为盈并日渐强大。

图 5-40　农民典型人物——余家权

二、苦尽甘来，致富路上扶贫困

2017 年，余家权的悦崃辣椒专业合作社的社员覆盖了 9 个行政村，1 500 多户，共 5 500 多人，年产量 1 300 多吨，产值达到了 700 多万元，向农户支付椒款 600 多万元，合作社固定资产也从起初不足 100 万元增加到 800 万元，为当地提供了近 20 个就业岗位。还间接带动了 450 多个贫困户脱贫，2017 年通过股权模式对当地 42 户深度贫困户实施分红脱贫。

三、再接再厉，宏图大志造未来

余家权说：“现在我们合作社的发展已基本稳定，目前我的目标是力争做到年产量 4 000 吨，产值 2 000 万元，逐步走向深加工；同时解决 50~60 人就业，带动所有社员致富奔小康，做出小辣椒大产业，让‘石柱红’辣遍全国”（图 5-40）。

上阵父子兵

——永川区新型职业农民　谭琳

谭琳，男，32 岁，中专学历，中共党员，退伍军人，现任重庆市玉琳茶业有限责任公司经理。

一、创新茶叶发展新模式，带动村民增收

永川区大安花果山是永川茶叶的主产区，遍及大安和陈食 8 个村 65 个社，种茶收入是当地农民的主要收入之一。2012 年在谭琳的带领下，公司采用“公司 + 农户”的产业化发展模式。新建茶叶基地时，公司为入社茶农无偿提供茶苗，并派技术人员免费到现场指导茶农进行苗木定植和生产管理。茶叶投产后，公司与茶农签订鲜叶最低保护价收购合同，对茶农交售的鲜叶按不低于市场价格进行收购，并继续免费对茶农进行技术培训和新技术推广，促使茶园按无公害茶叶基地标准化建设。通过这种发展模式，把茶农和公司有效联结起来，既解决了茶农生产资金不足，生产技术缺乏，产品无销路的后顾之忧，又解决了企业难以收购到标准化原料的现状，实现了茶农和公司的双赢。截至 2017 年，带动当地农户发展茶叶基地 6 000 亩，人均年纯收入由 2 000 元增加到 6 000 元以上。

二、拓展企业经营项目，促进村民就业

为大力发展乡村旅游，2016 年在谭琳的带领下，公司新建云升茶院。茶院建筑面积 2 000 多平方米，大小餐厅及包间可供 300 人同时就餐，各种客房可供 60 人住宿，休闲大厅可供 100 人品茶，茶叶展示厅可供 80 人购茶，会议室设施设备齐全。2017 年 3 月，公司试营业接待游客 2 000 多人，为当地村民 30 多人提供就业岗位。

三、父子齐上阵，打造茶叶新纪元

正所谓“上阵父子兵”，谭琳与父亲分工明确。父亲负责茶叶加工，为品质把关，谭琳负责公司的运作模式与方向。大安云雾山茶园附近将建机场、赛车场，九永高速路横贯其中，公司的发展将会迎来新纪元（图 5-41）。

图 5-41　农民典型人物——谭琳

精益求精　终获成功

——大足区新型职业农民　周祖彪

周祖彪，男，大足区智凤街道登云社区 5 组人。

一、心系农村，艰苦创业

“勤劳靠双手，打工不如创业；金窝窝、银窝窝，不如农村的土窝窝”。这是周祖彪的口头禅。2014 年 3 月他在智凤街道登云社区流转土地 211 亩，投资 200 多万元，开始种植红心火龙果和高端草莓，迈出了在土地创业的第一步。

二、技术不精，遭遇失败

他带领 60 多位当地农民历时 1 个月才整治好土地，搭建好大棚。然后分别从广东和浙江引进火龙果和草莓苗开始种植，就等着收获的喜悦了。俗话说，希望越大失望也越大，由于他的一知半解，总认为这两种水果技术要求不高，结果栽下去的苗子死的死，病的病，基本以失败告终。这让的创业热情深受打击。

三、潜心钻研，终获成功

这次失败，让他懂得了技术的重要性。他主动到区农委向专家们请教，先后参加了 2014 年、2015 年市、区农广校举办的新型职业农民培育，并获得高级农民技术职称。同时，他还大量在网上收集有关火龙果、草莓的技术资料，并前往广东、广西、浙江、成都等地虚心向土专家们请教。功夫不负有心人，经过近两年的刻苦钻研，他总算从外行变成了内行。他又分别从广西和成都买回了火龙果和草莓苗重新种植。由于技术过硬，通过他的精心管理，终于获得了成功。

图 5-42　农民典型人物——周祖彪

四、喜获丰收，回馈乡邻

他的火龙果和草莓于 2016 年正式投产，2017 年火龙果产量达 50 吨，出售种苗 10 万多株；草莓 30 吨，两项产值共 80 多万元。由于他的示范作用，带动周边农民 200 多人种植火龙果和草莓，同时，周边区县也有 20 多家加盟了他的合作社。他负责出售种苗及技术指导，带领他们共同致富。2017 年合作社年销售额突破 500 多万元，真正给农民带来了收益，也带动了更多的农民就业。 同时，他的“草莓高温冷棚栽培技术”还获得了国家专利，“火龙果排式栽培技术”也正在申请国家专利（图 5-42）。

一村一业绿青山　黄桃连片成银山

——奉节县新型职业农民　邱家俊

“自己富了不算富，带动大家富才算富。”这是新型职业农民学员邱家俊返乡创业的内生动力，也是他创业成功、实现共同富裕梦想的强大精神支柱。

图 5-44　邱家俊在为黄桃套袋

一、初心不改报家乡

邱家俊，当地出生的农村青年，随着改革的大潮走向他乡，在外务工办企业多年，增长了知识，积累了丰富的经验，也具备了一定的经济基础。成了先富裕起来的农民。他常说“自己富了不算富，带动大家富才算富。”带领家乡村民共同奔小康的初心，驱使他创业回报家乡父老，为使家乡尽快致富奔小康，经过他多年考察，带着黄桃项目返乡创业。

二、返乡创业拓市场

青山绿水才是金山银山。2014 年他从湖南引进“高山黄桃”新品种，在家乡荒废的山地上开始带领乡亲，垦荒改田，种植黄桃。历经 3 年的艰苦奋斗，连山成片的黄桃树使妆点荒山变成了花果山，致富山。

2015 年，他领头组建了“奉节县俊添农业发展有限公司”，公司 7 个股东全部是返乡农民工。他们筹资 2 000 多万元，先建示范基地，让农民看得见，学得会，再跟着干，使农民放心增收，稳定致富，3 年来，已完成黄桃种植 3 000 多亩。面对满山盛开的桃花源和游人，农旅融合，创新发展让邱家俊有了更多创业机会。2017 年，邱家俊又注册了奉节县汾河旅游开发有限公司，两个公司解决当地农民 400 多人。

图 5-43　丰收喜悦——邱家俊在为他的黄桃套袋

三、黄桃产业致富路

邱家俊计划用 5 年时间种植黄桃 7 000 亩。到 2019 年盛果期，3 000 亩黄桃可产鲜果 37.5 万千克，产值可达 6 750 万元。其中农民收入占 60%，有 4 590 万元。产业带动 500 户农户，1 600 人增收。户均增收 9.18 万元。人均可达 2.8 万元。实现邱家俊带动一个产业，振兴一方经济，致富一方农民，将黄桃产业做大做强做出贡献（图 5-43、图 5-44）。

金融学子 新职农的华丽转身

——黔江区新型职业农民 简义相

提起简义相，人们总把他和银耳和菊花种植能手联系起来。他凭着一股子韧劲，成就了另一番事业，实现了从金融大学生向新型职业农民华丽转身。

一、返乡创业，只为尽孝

10 年前，简义相还是一名金融专业的大学生，而现在，他在黔江区邻鄂镇种植起银耳和菊花来，这两个不同纬度事业的转变是从他妈妈突发脑溢血倒下，而要尽孝道悉心照顾母亲开始的。决心下定他不顾爸爸和姐姐的坚决反对，辞职回到了妈妈身边！

二、捕捉商机，成就产业

命运慷慨地为他打开了一扇创业之窗。简义相一个偶然的机会，从亲戚那里了解到，黔江区刚引进了一家叫朵朵润尔银耳产品加工企业，正在动员农户种银耳。他学金融的大脑瞬间捕捉到了商机——种银耳！简义相一边上网、翻书，充实专业技术知识，一边筹措创业资金，半年里他建了 7 间耳房。2011 年 6 月 15 日，他试种的第 1 批银耳可以采收了！看着一朵朵白花花的银耳，闻着银耳散发出的淡淡清香，乡亲们也都跑过来看稀奇，当得知只用了 45 天就赚了 3 万多块钱，纷纷表示想和他一起干。银耳种植合作社也就这样顺利诞生了。

图 5-45 简义相种植的银耳

图 5-46 皇菊飘香——简义相在他的金丝皇菊基地培训农户

三、金丝皇菊，共创共富

2014 年，简义相参加了新型职业农民培育学习，在交流中发现极具商业价值的胎菊和金丝皇菊都特别适合在邻鄂镇种植。学习一结束，他就动身前往桐乡黄山引回了种苗。因为家乡自然条件好，生产的菊花比原产地的品质还要好，拿到了菊花销售公司长期稳定的订单！2017 年，简义相被重庆市农委认定为“重庆市现代青年农场主”。《人民日报》《重庆晨报》分别刊登文章表扬简义相。现在，公司年产值 300 多万元，带动了 50 多户乡亲以土地入股种菊花致富。简义相的“新型职业农民”路走得也有劲了（图 5-45、图 5-46）。

汗水铺就创业路　红柚撑起一片天

——丰都县新型职业农民　陶成明

丰都县三元镇滩山坝村一组的陶成明，在当地是个颇有影响的人物。他种的柚子高起点、集约化经营与管理，使柚子林成为三元镇农民返乡创业的标杆。

一、创业源于选择

他是一个不甘寂寞，不服输的人。1992 年，年轻气盛的他作出了一个不寻常的决定，毅然决然地走出家门、踏上了外出务工的征程。开始在建筑工地干活，又苦又累，还挣不了多少钱，于是，陶成明便与妻子利用自己在家时种菜的技术承包了 100 多亩地来种蔬菜，这一种就是 10 多年，每年能够收入 10 万 ~20 万元，这可比单纯的打工强多啦。

二、面向市场择业

2012 年，陶成明决定利用三元镇得天独厚的土壤优势种植红心柚。开始的时候妻子有些反对，觉得投入大，要几年才能产果，但陶成明意志坚定，认为随着人们生活水平的提高，对水果的需求有增无减，再加上三元的红心柚独具特色，一定能够再次圆他的致富梦。于是，他勇敢地承包了 150 亩土地，以每亩 500 元的价格开始种植红心柚。

开始种的时候，技术上也是问题，就开始向技术员请教，参加各种培训，自己买书钻研补课，所以他家的柚子树看起来就很茂盛。同时，他还养了 100 多只羊和 3 000 只鸡，利用畜禽粪便作为肥料，走上了循环农业、绿色化和规模化的路子。2014 年，政府还授予陶成明微企的牌子：“陶明红心柚种植场。”

三、抓住机会充电

经过这么多年的摸索，陶成明深知要走得更稳更远，光凭一身勇是不够的，2017 年 12 月，得知新型职业农民培训班在三元镇开班，他立即报了名参加。学习之后，他深有感慨地说，培训的内容很丰富，特别是云上智农这个平台，让他以后的学习更加便捷，这次培训的知识很全面，像果树施肥，嫁接，修枝整形对他帮助很大（图 5-47）。

图 5-47　红柚正黄——陶成明在他的红柚种植基地劳动

新时代的新农民

——璧山区新型职业农民　黄德友

当前，传统农业生产经营模式一定程度上制约了农村社会的发展，阻碍了农民创业、创新致富的步伐，黄德友返乡踏入的有机农业之门，就是从新型职业农民培训开启的。

一、新时代呼唤职业农民

黄德友，璧山区健龙镇画眉村人。2016 年黄德友从外地打工辞职回家，开始承包荒山耕地，种植柑橘，和家人一起经营农家乐。2017 年 11 月璧山区农广校校在健龙镇寨子区开展新型职业农民培育，黄德友积极报名参加。并在班集体中与同学建立良好的关系，成功当选为培训班班长。15 天培训过程中，黄德友从不迟到早退，课堂中认真听讲，仔细做笔记。协助班主任管理班级，同学们也对他赞不绝口。

图 5-49　有机橘香——黄德友在他的有机柑橘种植基地劳动

二、新农人经营有机产业

黄德友说，自己家的果园以前是家里的老人在打理，管理方式，栽植技术上很多都是不合理的，怎么才能让果子又可口又好看呢？于是在实操课中，在冯世德老师和学校班主任的带领下，我们组织学员前往黄德友的柑橘园考察交流，冯老师进行手把手教学。针对黄德友想打造纯天然不施农药的有机柑橘，冯老师给他施了妙招。利用粘虫板、黑光灯、捕虫网等技术进行生物防治。黄德友说，这样既是真正做到了有机柑橘，又有效地节约了成本，消费者放心，自己卖的有底气。

图 5-48　农民典型人物——黄德民

三、新产业期待综合管理

2018 年元旦，黄德友迎来了果园的第一个丰收年，他欣喜地给老师们发来消息，果园的柑橘已成熟，且成功卖出第一批。他意识到知识的重要性，技术的重要性，综合管理的重要性。他的人生理想也发生了变化，他又回归到了最初的农民，他不想再过年复一年外出打工的生活，想在家乡自主创业。想把家乡的好山好水利用起来，他更想成为带动全村乃至全镇依靠农业为生财之道、致富之路的引路人，做一名新型职业农民（图 5-48、图 5-49）。

定位柑橘产业　助推规模发展

——云阳县新型职业农民　于奇郎

有目标的企业，才是有希望的企业。有开拓创新的法人，才有最美好的未来。于奇郎为重庆千庄农业量身打造柑橘园区规划、建设以及生产管理定位。助推了柑橘产业标准化生产、规模化发展。

一、定位是产业发展的基础

云阳县是农业大县，移民大县，是柑橘发展的优势区域，有着赏花、采果的客源优势，全区发展柑橘 3 万亩，有着产业和产品深度开发的基础优势。为此，2006 年，于奇郎决定围绕柑橘产业进行创业，通过广泛调研和精心选址，他最后选定在凤鸣镇锦屏村建设柑橘标准化果园 1 500 亩。

二、坚持是产业发展的动力

创业艰难磨砺多。通过于奇郎 12 年的艰苦努力，如今 1 500 亩柑橘园已经硕果累累，带动了当地经济发展。主要表现为：一是每年可解决当地农村剩余劳动力 50 人进园务工，每年每人可增加劳动收入 4 000 多元；二是解决农村移民和城镇待业及下岗工人 10 人就业；三是为农村移民培训提供了一个较好的培训示范基地，共培训果农 10 000 多人次；四是进行了柑橘园省力栽培管理的创新模式探索，山地果园的节水灌溉新技术探索，果园间作试验与实践，果园生草栽培实践，种植与养殖结合探讨等，为发展柑橘产业提供了可借鉴的经验及样板；五是为柑橘标准化果园建设起到了较好的示范带动作用。

图 5-50　农民典型人物——于奇郎

三、特色是产业发展的优势

于奇郎对于企业未来的发展，已厘清思路，在经营的千庄农业植规模扩大，管理紧跟到位，提高示范效果和经济、社会、生态效益的基础上。结合乡村振兴战略，致力于发展特色农业，观光农业，立足资源优势，根据社会需求，依靠科技力量，生产优质产品，进行深层加工，经过高附加值的精深加工，获得更好的经济效益。2011 年、2012 年被评为重庆市十大柑橘种植大户（图 5-50）。

北漂族回乡务农

——渝北区新型职业农民　周玉萍

一、北漂返乡

2003年，在北京做餐饮业小有所成的她，决定放弃在京10多年的打拼，和家人一起回到老家，在渝北区大湾镇石院村2社，流转土地100多亩开始了她的第2次创业梦想。

图5-51　农民典型人物——周玉萍

二、艰辛创业

刚开始周玉萍满心欢喜地流转了近百亩的初产梨园。但对周玉萍来说，果树技术她一窍不通，全凭一腔热情，第1年结出的梨子又小又酸涩，简直不能入口，更别提销售了。辛苦1年的收成给周玉萍泼了一盆冷水。周玉萍认真反思，搞农业需要技术，于是她参加了农广校组织的新型职业农民培训，还购买了大量关于种植、养殖技术的相关书籍进行学习，通过实践，科学田间管理，发现有一种肉质特别细嫩、水分又充足、又甜又脆的新品种，通过精心培育，花了5年的时间，将梨园全部改造为这个品种，终于见到成效。

三、可喜成效

为了做大做强，2013年成立微型企业“重庆隆玉恒农业发展有限公司”，注册了“冉隆全®”商标。2014年认证了“冉隆全®梨”和“梨园套种冉隆全®萝卜、南瓜、西瓜”等6个产品，按绿色生产的理念，种养结合的循环农业模式，充分发挥梨园海拔较高，光照充足，昼夜温差大的优势，产出的梨汁水饱满、入口甘醇、清脆化渣、皮薄核微。2017年8月第十八届中国绿色食品博览会上，她旗下的重庆市渝北区“重庆隆玉恒农业发展有限公司”生产的冉隆全®梨荣获金奖，同年又获得“我最喜爱的二十大重庆名牌农产品”称号。

周玉萍成功了，但她没有忘记石院村的乡亲。决定扩大基地规模，发动更多的农户种植冉隆全梨，以企业带动农民致富，促进当地经济发展。对未来的发展，周玉萍信心满满，以生产健康、安全、绿色农产品为已任，依托基地优势，努力延长产业链条和提高产品附加植，积极引导公司种植业向规模化、标准化、品牌化发展（图5-51）。

健康水果　美味到家

——江津区新型职业农民　余勇

余勇，男，江津珞璜人。

一、艰辛创业

余勇从杭州打工回乡流转土地80亩种果树，2014年成立了云淡果蔬股份合作社，现种植水果品种有乌皮樱桃、脆红李，但土地里赚钱的经历是艰辛的，面对困难，夫妻俩早出晚归，一锄头一锄头的挖，一件事一件事的干，不知流了多少汗水和心血。

在一家人的努力下，果园日渐繁荣，品种越来越多，乌皮樱桃、脆红李、西瓜、桃子……由于口感好又健康，加上同福村当地大力发展水果种植，建设美丽乡村以及政府的政策扶持，每到水果成熟时，总有一批一批来自江津和重庆主城的“回头客”前来光顾，产量供不应求，完全不愁销路。余勇、穆长梅夫妻俩坚守的就是那份幸福。

面对走上正轨的果园，夫妻俩又租了村里30亩荒地，扩大了果园面积。在果园进行除草、修枝、施肥等需要大量劳动力的时候，夫妻俩就雇乡邻帮忙，由余勇亲自教学，普及相关技术，既能给村民提供收入，又能给大家培训相关种植技术，实现共同富裕，走向小康社会。

二、经济效益

随着社会的发展，国家十分重视农业发展、他们经常参加农业技术培训，不断更新学习种植技术，汲取前辈的先进经验，2017年，乌皮樱桃参与重庆市农委十大农产品的评选。

2017年年收入25万余元，实现利润15万元。

三、社会效益

农业是国民经济的基础，随着国家对农业、农村、农民等涉农政策的不断投入，使党的惠农政策在农村得到充分体现，不仅能够带动周边农业生产，而且还带动了一批在外务工人员返乡创业，促进了当地的经济增长，提高了人民生活水平，为脱贫致富奔小康做贡献（图5-52）。

图5-52　农民典型人物——余勇

咬定蚕桑产业　依靠科技养蚕

——黔江区新型职业农民　粟海燕

蚕生春三月，春桑正含绿。当你来到蚕桑产业村——彭水县濯水镇双龙村，人们总会为你说起今年以产茧182担佳绩，夺得全镇第一产茧大户的粟海燕。

一、养蚕初心创业情

2005年冬，粟海燕把家里的14.3亩承包地栽上了桑树，经过精心管理，2006年夏秋两季养蚕6张，产茧250千克，收入4 000多元。2006年冬，她承包16亩地全部栽上桑树，新修建室外大棚6个。2007年，粟海燕养蚕20张，产茧850千克，收入1.5万多元，蚕桑产业让粟海燕真正体会到成功的喜悦，支撑她咬定蚕桑产业，依靠科技养蚕的发展之路。

二、技术是成功之母

2016年，他参加了新型职业农民培训，在培训过程中学到了先进种桑养蚕新技术，更进一步增强了发展蚕桑产业的信心和决心。当年养蚕265张，产茧182担，产值36万元。

图5-53　春蚕三月——粟海燕在她的蚕桑基地培训农户

图5-54　粟海燕和她的蚕宝宝

2016年桑田发展到260亩，拥有共育室1个，养蚕大棚发展到62个，年产茧量达到如今的182担，年养蚕收入跃升至36万元。粟海燕养蚕从小到大、从弱到强、从少到多的历程，让她体会到苦中有乐，勤劳致富的真啼，更让她感受最深的是参加新型职业农民培训学习的重要性和必要性。通过自己的努力，2017年，粟海燕被重庆市农委认定为“重庆市现代青年农场主”。

三、发展才是硬道理

谈到未来发展，粟海燕已拟规划：一是养管并重，深挖潜力。严格按照“六化五配套”技术路线要求加大投入，抓好桑园管理；抓好设施建设，促使大棚达到保温保湿、通风换气和消毒防病的效果；做到量桑养蚕，促使桑园效益最大化。二是充分发挥，合理利用。三是共育小蚕，打好基础。“养好小蚕一半收”，努力做好小蚕共育。推广“小蚕两回育和大蚕三回育”省力化养蚕新技术，达到蚕茧产量高、质量优、效益好（图5-53、图5-54）。

种植晚熟橙　错峰上市效益高

——云阳县新型职业农民　丁永河

当前农村，“创业”一词是热度最高的，如何响应党中央“大众创业，万众创新”的号召，丁永河把创业定位在晚橙种植上，把创新同乡村振兴战略相融合，带领乡亲产业致富，共建美好家园。

一、农村土地荒芜，游子回乡创业

2008 年前后，丁永河的家乡因劳动力大量外出，土地无人耕种，荒芜严重。农村娃丁永河怀着自己好了不算好，家乡好了才算好的情结，于 2008 年秋季回到家乡创业。先后发展过肉牛和山羊养殖，受限家乡的地理条件及国家和政府的发展大局，放弃养殖业，于 2010 年底流转本村的土地 100 余亩准备种植晚橙。通过向政府及相关行业技术人员和从业者学习，掌握了一定的柑橘管理技术，2011 年底终于建好了果园。经过两三年的精心管理，2014 年晚橙开花结果，2015 年三、四月果子成熟销售，初见成效。

二、付出终获回报，事业蓬勃发展

“我们这里的气候及地理条件非常适合晚橙种植”丁永河说。此后他便逐年扩大规模。到 2016 年底，丁永河的晚橙种植面积达到了 200 多亩，种植品种也从单一的伦晚种植扩展到伦晚、班菲尔和红肉橙一起发展。再加这几年政府的免费培训及相关优惠政策，给他的事业发展带来了强劲的动力。

三、带领乡亲发展，晚橙振兴乡村

几年来，丁永河的果园用工量不断增加，解决了本村不少贫困劳动力就业。在丁永河的带动下，本村晚橙规模从几年前的两三百亩发展到现在的 1 000 多亩，从以前的各管各的到现在的统一管理销售，惠及全村 20 多户贫困户、村民 1 000 多人。2017 年全村又新发展晚橙种植大户五户，仅土地流转费一项，本村村民人均就增收 400 多元。因为管理到位，这一年的毛收入达到了 30 多万元，预计 2018 年的收入能达到 40 万元以上。照这样的势头发展下去，丁永河带领乡亲共奔小康实现乡村振兴的愿望指日可待（图 5-55）。

图 5-55　农民典型人物——丁永河

在旱薄地上种植希望的人

——涪陵区新型职业农民　张思伦

今年49岁的张思伦早年和妻子在外地打工。“当过棒棒、擦过皮鞋、卖过包子……”尽管张思伦夫妻非常辛苦，但一年在外除了开支，剩下的钱不足万元。2002年，张思伦和妻子回到老家，想通过发展农业产业走上致富路。

一、旱薄地上种希望

龙桥街道齐心村5组土地因土薄、石多被村民称为旱薄地，种庄稼收成差，导致田地和柴山大多被撂荒。“如果利用这些荒芜的土地做文章，既可以绿化荒山，又能造福乡亲。”张思伦心里冒出这样一个想法。有好心村民提醒张思伦：“这样的地还拿钱租？免费送给我都不要！”张思伦没有退缩，他通过上网查询，征求龙桥街道农技人员的意见，决定租下荒地栽植耐干旱、生长快，同时还能保持水土，促进生态平衡的花椒树。

二、带头致富好榜样

“栽植花椒树既有利于加快撂荒地流转，又为创建生态乡镇打下了坚实基础，还为群众增收致富提供了产业支撑，可谓一举多得的好事。”龙桥街道领导非常支持，还派出技术人员为其作指导。2002年，张思伦将家里的柴山和周边村民撂荒的土地开垦出来，种上花椒苗，从此开启了他的创业路。“栽植花椒比种庄稼划算多了。”栽种花椒实现年收入达10万元的张思伦指着一株株已经长至手臂粗的花椒树说，干花椒每千克售价70元，亩产200千克，收入达1.4万元。

三、一村一品产业化

看到张思伦栽花椒致富成功，村民行动起来利用荒山荒坡和撂荒地栽种花椒，于是齐心村出现了“十亩地有九亩种花椒”的现象。与此同时，龙桥街道将齐心村作为花椒产业试点项目，发展花椒3 000多亩，并鼓励齐心村成立专业合作社，实行“基地＋农户＋合作社”的发展模式，每年能为每位村民带去5万元的收益，实现了坐拥“绿色银行”的梦想(图5-56)。

图5-56　椒香满坡——张思伦在他的种植基地查看花椒长势

能人带动　打造富硒枇杷品牌

——南岸区新型职业农民　张泽惠

张泽惠，南岸区广阳镇回龙桥村人，她是新型职业农民，当地远近闻名的富硒枇杷种植能手。近几年，她带领合作社参加了农产品（交易会、农博会等），受到了国家农业部表彰，获得了中华名果、重庆市名牌产品称号。张泽惠被重庆市妇联评为科技致富带头人。

一、带头创业，发展产业种枇杷

“我叫张泽惠，我的愿望就是泽惠一方！”南岸区有种植经济作物得天独厚的市场优势。张泽惠为了实现“泽惠一方”的梦想，在做市场调查时，了解到重庆鲜销枇杷很受欢迎。于是，她在自己的地里种了几亩优质枇杷。她边管理、边学习、边实践，几年下来，张泽惠一家靠着枇杷种植慢慢地富了起来。村民们纷纷效仿，张泽惠悉心指导，在龙桥村枇杷产业初俱规模。

图 5-58　张泽惠给果树修枝

二、开展培训，提升村民品牌意识

为了适应枇杷产业的发展和销售，2010 年 1 月，张泽惠牵头在南岸区工商局登记注册了重庆训明富硒枇杷专业合作社，成立之初社员有 38 户，现已登记注册 136 户，社员出资总额 500 万元，带动南岸区广阳（镇）228 户农民种植枇杷，带动农户种植面积 1 000 多亩。为了确保枇杷品质，合作社在广阳回龙枇杷基地内开展技术培训 800 人次，统一管理技术、统一生产标准，提升了合作社社员们的品牌意识。

图 5-57　农民典型人物——张泽惠

三、打造品牌，富硒枇杷不愁销

为了加强合作社建设，张泽惠建立健全了组织机构、民主管理和财务管理制度，合作社采取统一包装、销售，增强合作社的凝聚力和社员对合作社的向心力。为了打造广回枇杷品牌，张泽惠没有少废脑筋，她从农业部门了解到，自已脚下的泥土也富硒，于是她大胆打出了广回富硒枇杷，深受消费者欢迎。2007 年 5 月合作社对富硒枇杷进行了无公害认证和产品含硒量检测，正式注册了广回商标品牌，广回富硒枇杷产品直销重庆及周边市场，当年合作社实现总收入 300 万元（图 5-57、图 5-58）。

其他篇

打造特色中药材产业　铺就农民致富高速路

——酉阳县新型职业农民　冉文群

冉文群，女，29岁，重庆市酉阳县花田乡人。

一、外出务工坎坷经历，造就自身坚韧品质

冉文群生初中毕业后，由于各种原因，便走上了外出打工之路。在外务工期间，从事了多种工作，遭遇了人生低谷，但是穷人的孩子早当家，她不怕苦不怕累，工作中什么脏活累活都抢着干，赢得了领导及同事的一致好评，也炼就了她一股子什么事干不成绝不回头的韧劲。

图6-1　农民典型人物——冉文群

二、放弃外地高薪职位，回乡打造特色产业

冉文群虽人在外，但心却无时无刻不牵挂着家乡的一切。2012年，她毅然放弃在外的高薪工作，回乡寻找商机，经过充分调研，结合当地优势资源，冉文群发现中药材产业是极具特色的优势产业，于是她决定打造中药材产业，牵头成立了酉阳县强胜中药材种植股份合作社并担任理事长兼总经理。经过不断努力，合作社在2015年，成功与涪陵太极集团签订合作协议，并在铜鼓乡铜鼓村5组投资500万元，新建了中药材综合加工厂，年可加工中药材干品3 000多吨，并成功注册了“强胜”商标。

三、闯出特色产业致富路，不忘平常百姓家

在自身取得成功的情况下，冉文群不忘初心，积极带领乡亲共同致富，对乡亲无偿提供种子、化肥、农药，还派技术人员现场指导，保证销路，解决种植户的后顾之忧。在冉文群的带领下，合作社采取“专业合作社＋专业村＋示范基地＋农户”的生产经营模式，成功带领20个乡镇32个村46个组1 200户农民种植白花前胡、金荞麦等中药材，打造了特色中药材产业。经过几年的努力，目前中药材种植面积近1万亩，取得了显著的经济效益和社会效益，2014年被评为“重庆市家庭农场示范场”“产业发展先进单位”“创投每周行优胜项目”，2016年被评为“武陵山片区最具价值道地中药材基地”“全市农产品经销大户”，2017年评为重庆市级示范社。合作社因带动当地贫困户增收成效突出也被评为优秀先进集体，她本人也被评为“青年创头人”（图6-1）。

红高粱谱写新篇章

——重庆市新型职业农民　曹均彬

曹均彬，男，现年44岁，肢体四级残，合川区大石街道利泽人，靠种植高粱、加工酿酒带动乡亲共同致富，先后成立了酒香高粱合作社、重庆市嘉利酒业有限公司，荣获合川区农业产业化“龙头企业”。“渝嘉”高粱酒商标荣获重庆市著名商标，重庆市守合同重信用企业，创业孵化基地等荣誉称号。

一、人残志坚，思路清晰

随着人们生活水平不断提高，对优质健康食品的需求也快速提升，曹均彬在进行大量走访分析后，决定大力实施糯高粱种植规模化，产业开发特色化和品牌化，走特色效益农业发展新路线。

二、真抓实干，产业链发展

曹均彬牵头联合大石街道高马村成立股份合作社，自己创办了嘉利酒厂，两季专业种植糯高粱，并收获糯高粱179.5吨，实现种粮收入107.7万元，加工成酒71.8吨，销往渝、川两地，实现加工销售增值230.5万元。

三、辐射周边，带动致富

在曹均彬的带动下，酒香高粱股份合作社已在云门街道、龙市镇、隆兴镇等镇街推广种植、回收糯高粱达2 000亩，亩产增值1 500元，实现农增收300多万元，安排5名残疾人就业，指导带动了一批家庭农场、种粮大户，社会经济效益显著，为特色效益农业发展起到了一定的示范作用（图6-2）。

图6-2　农民典型人物——曹均彬

黑泥里挖出粉宝贝

——永川区新型职业农民　张优华

张优华，男，2008 年清华大学高级工商管理总裁研修班结业，重庆华辰生态农业发展有限公司董事长兼总经理、重庆市永川区莲藕协会会长。2016 年被重庆市农委纳入新型职业农民青年农场主培育。

一、返乡创业，创新技术

张优华从昔日永川农村一个普通农民，几经奋斗成长为当地有名的莲藕种植大王。1988 年，18 岁的张优华毕业后回到永川临江务农，他通过对莲藕品种、种植技术等诸多环节的大胆“试水”，在重庆地区率先探索出了双季藕种植、“藕鳅”立体种养、浅水藕种植三大技术，在重庆地区独占鳌头。2010 年，张优华在永川区南大街承包土地 3 000 亩，引领打造八角寺“十里荷香”生态园，被重庆市纳入市级现代农业园区建设。

二、带动发展，回报社会

近 3 年，张优华用农民田间学校模式开展技术培训 60 多次，受益农民 2 000 多人次，举办科学技术知识讲座 10 次，受益农民 1 000 余人次，更换科普宣传栏 9 次，为当地村民增收致富做出了积极贡献。2017 年，十里荷香累计接待游客 80 多万人，带动就业 300 多人，

图 6-3　张优华展示自己种的莲藕

图 6-4　农民典型人物——张优华

带动周边农户办农家乐、小卖部达 50 余户，示范带动效应好。

三、影响深远，获得成就

张优华在实施绿色农业生产中，先后建立并完善了产品生产保障体系，对种植基地生产的莲藕原料供应、生产、加工、包装、出入库、运输和成品销售等全过程实行批号管理，以备质量追溯；成功申请了“永川莲藕”农产品地理标志、确定基地所在的南大街及周边 12 个镇街为永川莲藕地理标志地域保护范围；申请了“渝莲”莲藕商标；绿色食品永川莲藕获得了国家绿色食品认证。

张优华一直致力于现代农业发展，被评为重庆市十大杰出青年农民，全国农村青年致富带头人等，中央电视台第 7 套《致富经》栏目曾专题报道张优华事迹，获得了社会好评（图 6-3、图 6-4）。

“学习 + 勤奋”成田间“土专家”

——万州区新型职业农民　闵洪

闵洪，男，现年 35 岁，高中文化，万州区余家镇万安村人。

一、投身农业再创业

闵洪高中毕业后就随父亲到云贵、湖广等地搞建筑，获得了人生的第 1 桶金。2012 年初，听说邻近的分水镇双城村正谋求发展规模种植，整村脱贫致富。于是决定返乡干一番事业，经过考察分析，他认为核桃便于储存，营养价值高，种植核桃是一个好项目。

二、坚持不懈求技术

对种植核桃，闵洪是一个门外汉，怎么办？一亲戚向他推荐了西北农林科技大学核桃研究所所长、硕士生导师翟梅枝教授。刚开始找翟教授的时候，吃过几次闭门羹，不愿意见面，最后翟教授看到他态度真诚，又加上他也有创业实干的想法，便决定收他为徒，成为了翟教授的唯一的“编外学生”，并在翟教授亲自指导下成立了众致达农业开发有限公司，几年来，在核桃栽培的每个时期，他都要去旁听翟教授上课，到翟教授的实践实习基地学习，目前，基本掌握了核桃栽培的主要技术。

三、职农培训扩思路

土地需要培育，技能需要提高。2015 年 10 月，他被分水镇推荐参加了万州区农广校举办的新型职业农民扶贫创业培训，通过学习，扩大了思路：发展农业不能单一发展，要种养结合，综合开发。回去后采取“公司 + 合作社 + 农户 + 基地”的经营模式，又开发种植李子 280 亩、花椒 300 亩，成立土鸡孵化、养殖基地，同时牵头建立了万州区分水镇第 1 家核桃专业技术协会，涵盖 70 多个会员单位。2016 年他又组织建立了核桃科技专家大院，从事品种培育、防虫治病等技术性研究。

常年在闵洪果园里做工的村民就有 50 多人，每天都有活路，每月有近 2 000 元的收入。闵洪还有一个愿望，就是帮助分水镇的红豆、五马等其他村发展 5 000 亩核桃，协助镇外的走马、龙沙、罗田等镇乡发展 1 万亩核桃（图 6-5）。

图 6-5　农民典型人物——闵洪

玫瑰花开笑客来

——潼南区新型职业农民　何泉

阳春 4 月，亲近童南。“雅香美源”杯摄影大赛在雅香美源的玫瑰园景区拉开序幕。“环山绕水鸟啼鸣，镜花水月佳人清。一草一木皆生命，一枝一叶总关情”的美景总把我们的美感定格在玫瑰花上。而“雅香美源”也总让我们把她的护花人何泉联系起来。

一、玫瑰情怀创新业

何泉，男，44 岁，汉族，农工党党员，研究生学历，重庆雅香美源生态农业科技有限公司董事长。2012 年开始，他带领团队在重庆市潼南区崇龛镇完成了大马士革玫瑰从育苗、定植、栽培管理、加工、市场销售的系列产业化工作，带动上千户农民参与玫瑰花产业，成功建立了国内最大的大马士革玫瑰产业基地，树立起了国内化妆品业的新兴知名品牌——雅香美源，与五粮液集团合作开发出了极具特色的“五粮液——雅香美源玫瑰酒”。

二、农旅融合兴农村

从 2015 年 4 月开始，他以崇龛玫瑰基地为依托，以“潼南玫瑰花开，相亲相爱的来”为主题，先后成功举办了三届潼南玫瑰花节，接待游客近 50 万人次，把菜花和玫瑰花、农业和旅游有机地融合在一起，为潼南的农旅发展闯出了一条新路，为潼南农业走产业化、品牌化、观光旅游化提供了新的范例，实现了农业的产业发展、生态维护、共同致富的完美结合。目前，雅香美源公司玫瑰的种植基地已达万亩规模，解决农村留守妇女、老人上千人，为带动

图 6-6　精心护花——何泉在基地观察玫瑰花长势

广大老百姓共同致富做出了巨大贡献。

三、乡村振兴带头人

“赠人玫瑰，手有余香。”2013—2014年，何泉的大马士革玫瑰加工关键技术研究与应用项目，获得重庆市潼南区科技进步二等奖。2016 年，何泉获国家旅游局“乡村旅游带头人”荣誉称号。2017 年，何泉夫妇被重庆市委宣传部、妇联、市文明办评为“重庆好人”，并被评为当年度“重庆十大最美家庭”（图 6-6、图 6-7）。

图 6–7　农民典型人物——何泉

专家点评

“赠人玫瑰，手有余香。” 何泉是新型职业农民创业成功的代表，2016 年，获国家旅游局“乡村旅游带头人”荣誉称号。2017 年，何泉夫妇被重庆市委宣传部、妇联、市文明办评为“重庆好人”，并被评为当年度“重庆十大最美家庭”。何泉种花、护花、爱花，以花为媒的创业奇迹给我们带来以下启示。

一、勇创新业，玫瑰情怀

党的十九大提出：“产业兴旺、生态宜居、乡风文明、治理有效、生活富裕”的总要求。随着城乡居民收入水平的提高，人们对生态环境、休闲娱乐、养生养老、宜居宜业等方面的需求更加旺盛。何泉在创业时选择了玫瑰产业，高度砌合各级政府实施的乡村振兴战略。选择基地建在离重庆主城 1 小时经济圈内，周边是重庆发达的区县级城市群，对自己的企业顺应和引导城市消费，定位准确。

二、规模适度，示范带动

何泉在企业发展过程中，为了减少各种投入，适度规模建基地，通过带动周边农户种植玫瑰花，统一收购、加工、销售，解决了小投入、大产出，小基地、大市场的矛盾。带动群众发展玫瑰产业，引导农民创业共富。

三、创办节会，农旅融合

为了向城市消费者推介玫瑰文化：理解美丽爱情，幸福人生，鼓励人们回归生活本质；推介玫瑰产品：品鉴国内化妆品业的新兴知名品牌——雅香美源，品尝极俱特色的“五粮液——雅香美源玫瑰酒”；推介玫瑰旅游：何泉先后成功举办了三届潼南玫瑰花节，接待游客近 50 万人次，他还把玫瑰花和潼南名片油菜花融合共创，为潼南农旅，更是为重庆雅香美源生态农业科技有限公司发展闯出了一条新路。

“环山绕水鸟啼鸣，镜花水月佳人清。一草一木皆生命，一枝一叶总关情。”这是“雅香美源”的艺术写照，也是护花人何泉为之努力奋斗的“香格里拉”。

陈正华
点评人

一个女孩的“庄园”梦

——巴南区新型职业农民　肖扬

肖扬，新型职业农民放飞梦想的典型，创业成功的代表。2017 年被巴南区人民政府授予“创客之星”称号。拥有采摘体验、旅游观光、科普展示、观光休闲农场，是肖杨的“庄园之梦”。

一、创业梦的觉醒

2002 年，肖扬家里在麻柳嘴镇感应村承包了 510 多亩土地发展种植和养殖业。2013 年底母亲因劳累过度住进了医院，她决定回乡创业接手农场。然而，农村孩子都想通过勤奋读书，跃出农门，重庆工商大学毕业的肖杨，却顶住了来乡亲们的不理解，于 2015 年 8 月，正式从她父母手中接过农场，创办了重庆渝名园农业科技有限公司，开始了自已庄园梦想的践约。

二、启航庄园之梦

有了话语权和经营权的她构思着新的出路：以养殖“藏香猪”为特色，种植“血橙”为亮点，创建以采摘体验、旅游观光、科普展示为一体的观光休闲农场。一是熟悉管理专研技术。一直从事会计对农业一窍不通的她，农业经营管理她还要从头学起。在区农委有关专家的指导下，她先后参加了巴南区新型职业农民和重庆市现代青年农场主培训，2017 年被评为农民技师职称。二是调产业结构。根据市场需求，发展特色种植和养殖相结合的模式，引进藏香猪改传统的圈养为散养，并加大对山地鸡的饲养。三是建立农产品网络销售。她运用微商分销模式，创造了 1 周网销 1.5 万千克血橙奇迹，并带动着当地农民走上农产品电商之路。

图 6–8　循环农业——肖扬在藏香猪养殖和柑橘基地劳动

图 6–9　肖扬给桔树施有机肥

三、让梦腾飞更高

几年来，渝名园藏香猪年出栏量 200 余头，山地鸡年出栏量 3 000 多只，果园 510 多亩，同时带动周边农户发展果园 1 500 多亩。血橙园被巴南区科协和巴南区农委认定为“巴南区血橙科普基地”。重庆电视台《天天农事通》录制血橙种植专题节目。近年来，农场还举办了“香猪节”，拓展了农旅融合的发展路子。2017 年荣获了巴南区举办的“逐梦巴南 · 为你起航”第四届创业大赛二等奖（图 6–8、图 6–9）。

林下种植　天麻花开

——城口县新型职业农民　马贤志

马贤志，城口县高燕镇大园村人，返乡创业一直从事林下天麻种植。当前，返乡创业大势所趋，但很多人克服不了两个难关：一是创业艰苦环境条件差，二是经济效益缓慢，回收周期长。而马贤志却是一个有定力的人，他的梦想是“致富不忘社会、不忘乡邻”。

一、初入社会取真经

热爱是创业的老师。马贤志的林下天麻种植基地初建于 2014 年。当初，从学校毕业后满怀创业梦想的他，一直没找到自己满意的创业机会，一次偶然的机会在湖北的一位叔叔家中发现天麻种植，当时他就对此产生了浓厚的兴趣，于是他就在湖北待了大半年向叔叔学习天麻种植、管理、加工技术，他边干边学习边实践，功夫不负有心人，在叔叔细心的指导下，很快就掌握了天麻种植技术。

二、林下种麻创业梦

技术是创业的基础。马贤志返乡后，决定用自己学到的技术创一番事业，他在高燕镇坪原村创办了天麻种植基地。马贤志怀抱创业梦想，信心满满地去湖北购买菌药，初创建起了 5 亩林下天麻种植基地。天道酬勤，终于到了天麻收获的时节，没有辜负他的付出，天麻的产量和品质都很好，5 亩基地当年实现利润 4 万多元。创业初成，他对林下天麻种植更加信心百倍。

三、展望未来，助推脱贫

“城口县地理位置及气候条件非常适合发展林下天麻种植。”马贤志接下来计划逐年不断扩大种植规模。种植模式也从单一的天麻种植拓展到天麻、党参套种。这样一来，不仅提升了土地利用率，也增加了种植收入。马贤志说，2017 年，天麻种植基地已经扩大到了 30 亩，年种植中药材收入达到 20 多万元。他还希望在自己创业成功的同时能带动当地更多的贫困户脱贫增收，“致富不忘社会、不忘乡邻”这一直是马贤志回报社会的想法和做法（图 6-10）。

图 6-10　因为热爱——马贤志在林下天麻种植基地劳动

爱莲湿地的传奇

——铜梁县新型职业农民　陈邦齐

陈邦齐，重庆龙邦农业发展有限公司负责人。他热爱农业，献身农业，难以割舍的爱莲情节，牵头创建的“爱莲湖湿地公园”给出了完美的诠译。“野艇几西东，清泠映碧空。褰衣来水上，捧玉出泥中。”这是陈邦齐的最爱。

一、莲之博览，引领创业

公司成立于2011年，有职工45人，资产近6 000万元，公司种植莲藕规模已达到3 000亩，带动当地老百姓种植莲藕2万多亩，全区共种植莲藕3万多亩，主要品种有鄂莲4号、北京1号、美国雪莲1号、2号、4号等100多个品种，还栽植神女姿、西湖红莲、大红袍、赛牡丹等26个名贵观赏荷花品种；引进了浅水藕栽培技术、深水藕栽培技术和花期延长技术，种植的藕具有杆粗、叶大、叶黑、长势迅速、体白、品质佳、花美和花期长的特点，亩产量近2 500千克，年产商品鲜藕6万多吨。

二、龙乡莲藕，品牌入市

陈邦齐创造了鲜藕和荷花茶品牌，注册了“龙乡莲藕”“荷为贵”商标，正在申请“绿色食品”认证。“龙乡莲藕”鲜藕产品进入重庆、贵阳、成都蔬菜批发市场，并与重庆永辉、家乐福、重客隆、新世纪等大型超市签订了供货合同，形成农超对接，“龙乡莲藕”销售量已占重庆市场的60%左右。

三、农旅融合，赏莲自洁

爱莲湿地以赏莲花为主线，开发乡村旅游项目，2012—2015年公司扩大了生态湿地荷花园区景观建设，新建了风雨廊桥、观景亭、观光步道、人工河、荷花佳园、游客接待中心设施等，引进了名贵荷花、花草和水生花卉，打造绿化面积近500亩，美化了荷花园风景，年吸引30多万人前来观赏荷花和自然风景。

2011—2017年，铜梁区政府在土桥荷花园成功举办了七届荷花乡村旅游节。重庆铜梁爱莲湖湿地公园成为了以农业观光为主的乡村旅游样板园，被评为了全国休闲农业与乡村旅游示范单位（图6-11）。

图6-11　爱莲传奇——陈邦齐的爱莲湖湿地公园

梦想之翼

——梁平区新型职业农民　邓中

高校教师和职业农民，在邓中看来就是一回事，串起它的是大山之子带着资金、技术回到家乡创业，带领父老乡亲发展特色农业产业实现共同致富的梦想。

一、高校教师当农民

邓中，出生于位置偏僻，自然条件恶劣的横山村。2006年大学毕业后他到重庆信息学院工作，成为了一名高校教师。他人在高校心系家乡，力图改变家乡面貌的理想和抱负始终萦绕在心头。梦想的力量是无穷的。2011年他在横山村承包土地320亩。签订合同后，邓中面临的是如何将荒山变“金山”，通过市场论证，他初创选择了种植核桃。成功总是眷恋吃苦耐劳、敢于拼搏之人。2015年，核桃第一年投产，因受强降雨影响，核桃挂果量只达60%左右，但亩产量也有150多千克，除去成本后还是赢利十几万元。

二、电商销售创奇迹

2014年3月，邓中成立了梁平县中梁核桃种植股份合作社，带动周边40多户村民共同栽种核桃。2014年7月，成功注册了“梁富”商标。在销售方面邓中主要采取两种销售模式，一是在梁平本地销售；二是线上销售，在万州、湖北等周边城市建立了网销据点。

2016年走电商销售之路取得特别好的效果，销售带皮青核桃10 000多千克，价格是干果的2倍，电商占销售额的1/3以上。邓中依靠“特色农业+科学种养+电商营销”带动村民共同致富。

三、荣誉纷至静思远行

邓中研发的高温、高位、单芽孢方块嫁接技术已成功在国家知识产权局申报发明专利技术。2017年8月，邓中基地核桃已成功获得国绿色食品认证证书。2016年邓中被梁平县团委评为首届“柚乡”十佳好青年、同年被推荐为梁平区十四届政协委员，2017年1月被团市委评为重庆市“向上向善”创新创业组好青年，当选为共青团梁平区委兼职副书记（图6-12）。

图6-12　核桃抱负——邓中在他的核桃基地包装产品

乡愁的归宿

——南川区新型职业农民　胡晓林

一位新型职业农民，一位企业老总，为了践约乡愁的归宿，他带领公司一班人埋头实干，增强土地规模化、集约化水平，改善农村环境和百姓生产生活，带动了乡村旅游发展……

一、淡淡的乡愁

胡晓林生在农村，长在农村，16 岁那年，怀揣着创业梦，离开家乡，先后在商贸、加工、建筑和装饰行业里干过。在外创业的日子里，经常回到生养我的那个乡村，看到的是农村空心、经济空壳、茅草疯长、良田撂荒。于是经常和朋友商讨如何利用社会资本推动“三农”发展问题。当前，国家政策支持三农发展，淡淡的乡愁让他再次找到归宿，激发了人到中年二次返乡创业的热情。

图 6-13　践约乡愁——胡晓林在他的水果种植基地劳动

二、家乡的情结

2015 年，胡晓林在南川注册了重庆楠竹山农业科技发展有限公司，公司占地约 600 亩，海拔 900 米以上，专注于特色水果种植、林下中药材种植、生态养殖和休闲观光生态农业。当年，从四川引种宾莹、冰壶、霖宝、长柄红灯和短柄红灯 5 个品种的车厘子 1 万株，种植加洲黑、蓬莱柿和卡独太 3 个品种的无花果近 1 000 株，公司还试种了美国红肉苹果。2016 年公司完成林地改造 200 多亩，流转耕地 100 亩，山坪塘整治 3 个，蓄水量 5 000 米^2，消防池 2 个，蓄水量 500 米^2，协助镇政府建成 6 米宽森林防火公路 3 千米。2016 年完成了公司管理用房和科技专家大院的主体建设，2017 年完成视频系统建设。

三、未来的期许

党的十九大报告让他对农业企业的未来更加有信心。面向未来，公司在成功注册“铁村”商标 3 个（4 大类）的基础上，继续推进品牌化发。推行“公司 + 基地 + 合作社 + 农户”“线下体验摘果带动休闲观光，线上兜底销售保证经济效益”的运营模式，规划通过民宿建设，拉长产业链，让当地群众的农副产品不愁销路，为农业农村现代化建设出力（图 6-13）。

女强人刘晓梅

——丰都县新型职业农民　刘晓梅

“企业发展离不开高效的管理，农业经营没有技术绝对种不出来优质的农产品。” 这是刘晓梅参加新型职业农民培训后的感言。

一、投资农业眼界高

刘晓梅，一个看起来文静瘦弱的女子，但是保合镇认识她的人可谓不少，夫妻俩最开始是从房地产业起家，后来房地产热开始降温，夫妻俩就顺应国家的形势，转投农业。

二、休闲观光综合化

2010 年，他们注册成立了重庆双山农业开发有限公司，注册资金 1 000 万元，主要经营农业开发、蔬菜、水果、苗木花卉、中药材种植销售、水产养殖、土地整治开发、园林绿化工程。2013 年 3 月，公司自筹资金 1 000 万元，以余家坝村为核心，涉及盖灵庙村，新院子村、金盘村的土地流转了 1 085 亩。打造现代生态、休闲观光农业园。

2016 年 12 月又流转土地 1 400 亩，现园区总面积 2 485 亩，涉及农户 317 户。种植蔬菜、水果 850 亩，都已投产收益，水产养殖 300 亩，花卉苗木 200 多亩，具有接待能力的农家乐 5 户。2018 年新建占地 300 亩的观赏花卉园一个，占地 50 亩的景观草坪一个，改造占地 30 亩的水生花卉景观园一个，改造占地 200 亩的垂钓中心一个，解决园区及周边 1 000 农民工的就业。

三、辐射驱动促扶贫

现在园区四季有花香，月月有水果，天天有美食。建设的果蔬、水产养殖生产基地均以绿色生态发展方向，将绿色、生态农业的理念贯穿于各个环节中，通过促进废物资源化和资源可持续利用，走出了一条农业可持续发展和节约型发展的道路。通过他们的辐射带动，改变了重庆微企在偏远贫困地区布局少导致的发展极不平衡问题，解决农村农户及返乡农民工创业就业。助力丰都广大农村精准脱贫。带动本园区及周边村社、乡镇农户脱贫，带动周边农业经济迅速发展（图 6-14）。

图 6-14　四季果香——刘晓梅在她的水果种植基地劳动

绿水青山就是金山银山

——长寿区新型职业农民　李建成

“我是从农村出来的，我的“三农”情怀是投身“三农”事业的根本。这是重庆平伟朝阳农业发展有限公司总经理李建成的“三农”情愫。

一、不忘初心，致力生态农业发展

李建成从部队复原，先后从事贸易、房地产行业等。2009 年他开始涉足农业产业发展，2015 年进入重庆平伟朝阳农业发展有限公司任总经理。经过 8 年的发展，洪湖镇称沱村 3 000 亩流转土地上建成了大重庆区域内涵盖品种最多、品质最优的“柑橘适应性种植观察园”。目前，年产各类柑橘总量超过 5 000 吨，远销俄罗斯和东南亚。他瞄准“互联网 + 农产品”的营销模式，建设“平伟农业”微商城，并与移动田园、农行惠、融 e 购等第三方电商平台合作，让农产品搭上了电子商务的网络快车。

图 6-16　四季花果——李建成的基地实现了农旅一体，产游融合

二、助力扶贫，推动冷水稻米产业发展

公司所处的明月山脉海拔 500 多米，日照充足，早晚温差较大，是优质大米“三合米”的主要出产地。以前由于交通不便，村民缺乏品牌意识，导致“三合米”无品牌、无市场、价格低。他提出将“三合米”纳入公司经营范围，与村民搞联合种植。由村里办水稻种植合作社，公司与合作社签订购销协议，从而正式形成农企联合种植模式。大米从 1.5 元 / 千克涨到 4 元 / 千克，借助公司的销售平台，“三合米”已经走出长寿、走入重庆、遍及全国。

图 6-15　李建成在给外国客人介绍产品

三、以游促农，打造美丽乡村和田园综合体

目前，以 3 000 亩橘林为基础，以四季采摘为特色，充分利用大巴山峡谷缓冲区天然沟壑的田园风情，融合农耕文化、民俗文化和植物迷宫等特点的“四季花果园”已经开始建设。李建成说，统景泡温泉，称沱摘水果，邻水玩漂流，这已经形成了一条精品的旅游路线。真正实现“农旅一体，产游融合”（图 6-15、图 6-16）。

诚实守信　终成大器

——涪陵区新型职业农民　毕绍中

毕绍中，涪陵区民谐（缘园）中药材专业合作社理事长，他将涪陵从不产药材的蔺石镇发展为涪陵太极集团在涪最大的中药材生产基地。10 年来，他始终坚持“三包一现”“以人为本”“诚实守信”赢得了广大药农的称赞。

一、三包一现　药农拥护

合作社通过实行“三包一现”（包种子、包技术、包回收、现金支付）政策。今年已在马武、蔺市等十几个乡镇引进发展太极集团所需中药材品种 7 个，种植规模达 22 580 亩，其中金荞麦、前胡、紫婉、紫苏已能满足集团需要，从而降低了集团采购成本，预计 2018 年药材产值将突破 5 000 万元，成为太极集团在涪陵区域的最大供应商。

二、以人为本　干部带动

在一个 2 000 多米^{2}的坝子，上千吨的各种药材已堆集如山；七八十个人手端面条，或站着、或坐着，一边吃着面条，一边守着自己的岗位。而理事长毕绍中正汗流夹背地穿梭在等待交售药材的人群中，一边发号牌，一边递茶水。“这段时间，来卖药材的农民太多，有的离家路程远，还要等轮子淘洗，我给他们煮点面条，不能让他们饿肚子嘛……”，毕绍中动情地说。这样的场景让在场的太极集团领导和乡镇干部十分感动。

三、诚实守信　贷款兑现

2013 年，眼看就要过年了，合作社交售给集团的药材款尚未到位，而农民春节又急着要钱，300 多万元的应付款成了毕绍中的心病。为了不失信于民，他从三亲六戚中筹借了 30 多万元，又咬牙以两分的利息借贷了 270 多万元，终于付清了药农欠款，此举赢得了群众信任，使合作社 2012 年中药材种植规模得到了进一步扩大。2014 年毕绍中参加了年新型职业农民培训班学习，学成归来后，他感念特多，心中又描绘出了专业合作社新的发展蓝图（图 6-17）

图 6-17　药香四溢——毕绍中在他的药材加工基地指导生产